그림과 영상으로 떠나는
나름이의 모험 가득 한자 여행 ①

그림과 영상으로 떠나는
나름이의 모험 가득 한자 여행 ❶

사라진 한자를 찾아 한자 나라로 들어간 나름이

이근애 글, 그림

팜파스

이 책의 주인공들

나름이

한자 나라에는 숨은그림찾기 같은 재미가 있네??

★ **모험 가득 한자 여행의 주인공**

한자가 어렵다고 생각했지만 그림이와 함께 한자 나라를 여행하며 숨은그림찾기 같은 한자의 매력에 빠져든다.

취미 : 그림 그리기

좋아하는 색 : 노란색

싫어하는 음식 : 새우, 버섯

좋아하는 놀이 : 보드게임, 미끄럼틀 타기

★ 한자 나라의 요정

한자에 대해 모르는 것이 없고,
나름이에게 친절하게 한자를 알려준다.
하지만 겁이 많은 편이라 때로는 나름이 뒤로 숨기도 한다.

특기 : 숨은 한자 알아보기
좋아하는 색 : 하얀색
무서워하는 것 : 물
좋아하는 놀이 : 책 위에서 잠자기

\ 차례 /

이 책의 주인공들 4

1 사라져 버린 한자들

고불고불 낙서와 나름이의 주문 12
한자의 요정 그림이 16
한자 나라로 향하는 계단 19

2 한자 나라의 하늘

까마귀를 품은 태양 日 24
초승달의 맛 月 26
한밤을 밝히는 놀이 明 28
한자 따라 쓰기 1 30

3 숲속의 나무들

잔잔히 흐르는 물 水 34
잠들어 있는 나무 木 36
숲 속의 숨은 나무 찾기 果 休 林 森 39
한자 따라 쓰기 2 46

4 봄을 부르는 푸른 씨앗

푸른 나무의 마을 村 50
할아버지와 더 할아버지 長 老 53
마을의 한가운데 中 靑 57
봄을 부르는 씨앗 春 60
날개를 가진 작은 친구들 隹 鳥 集 63
산봉우리 세 개 山 68
한자 따라 쓰기 3 72

5 길을 따라서

네 갈래 길과 흙무더기 行 土 78
가지런한 땅과 물을 담은 밭 田 畓 81
돼지의 집이 보이면 家 84
좋은 땅에 모여 里 86
한자 따라 쓰기 4 90

6 불이 남긴 가루와 눈물

불을 쬐고 있어 赤 94
만질 수 있는 불의 가루 火 炎 灰 96
눈물을 찍어 줄게 立 泣 100
한자 따라 쓰기 5 102

7 한자의 섶으로 들어가다

굳게 닫힌 문 門閉 106
씨앗 의식 人大太天 109
잃어버린 느낌들 自耳目口 114
한자 나라의 돌잡이 赤黃黑白靑 116
꿈에서의 만남 夢花 120
한자 따라 쓰기 6 124

8 온몸으로 느끼는 한자

한자 가족이 생겼어 子母父兄 132
우리 집을 소개할게 高內 137
숫자 징검다리를 건너면
學一二三四五六七八九十 142
색깔을 칠해 보니 男女 151
시끌벅적 장터 구경 米魚衣 155
한자 따라 쓰기 7 162

9 더 넓은 세상으로

도와드릴게요, 할아버지 孝 172
마음을 따라 心 175
씨앗 한자를 찾아서 178
한자 따라 쓰기 8 181

한자 색인표 182

1

사라져 버린 한자들

고불고불 낙서와 나름이의 주문

"엄마, 이걸 꼭 해야 해요?"

오늘 외우기로 약속한 한자들을 앞에 두고 나름이가 투덜거렸다.

처음에는 알 것 같다가도 점점 복잡해지는 한자들을 보고 있으니 마음까지도 꼬불꼬불 뒤엉킬 것만 같았다.

"오늘 10개 외우기로 했잖아. 엄마 잠깐 나갔다 올 건데, 그때까지 다 외워 놓으렴."

나름이는 입을 비죽 내밀었다.

'오늘 다 외우지 않으면 또 뭐라고 하실까?'

엄마는 평소 한자를 공부해야 하는 이유에 대해 길게 설명해 주셨지만, 마음에 와닿는 것은 하나도 없었다.

"하아…."

나름이의 긴 한숨이 구불구불한 한자들에 닿아서 글자들이 더 복잡하게 보이는 것 같았다.

"아, 정말 재미없어. 한자들이 모두 사라져 버리면 좋겠다."

나름이는 한자가 적힌 종이 위에 뱅글뱅글 동그라미를 그리며 낙서를 하다가 잠이 들어 버렸다.

잠든 나름이 곁에서 속닥거리는 소리가 들리기 시작했다.

"이제 돌아갈 때가 된 것 같아."

"앞장 서. 나도 함께 가."

"나도 갈래!"

"나노 나노!"

책에 있던 한자들이 하나둘 모습을 감추었다. 나름이가 잠에서 깨었을 때, 한자들은 모두 사라진 뒤였다.

잠에서 깬 나름이는 무언가 달라진 것을 느꼈다. 공부하던 한자책에 한자들이 보이질 않았다. 책 겉표지에도 안쪽 어디에도 한자들은 보이지 않았고, 한자가 있던 부분이 모두 하얗게 변해 있었다.

나름이는 조금 당황했지만, 한자 공부를 하지 않아도 될 핑곗거리가 생겼다는 생각에 은근히 기분이 좋았다.

"이제 ○○나 해야지."

이상했다. 분명 숙제라고 말하려고 했는데 말은 나오지 않고 고불고불한 무언가가 튀어나왔다.

가까이에서 보았지만, 티끌만큼 작아서 알아볼 수 없었다.

몇 번을 말하려 해 보았지만 마찬가지였다.

"말이 안 나오니 ○○로 써 봐야겠어."

이번에는 연필이라고 말하려 했지만, 이번에는 목 안쪽에서 무언가 걸린 듯 나오지 않았다. 나름이는 당황했다.

"왜 이러지? 내가 ○○해."

이럴 수가…! '이상해'라는 말도 나오지 않고 아까처럼 작은 티끌 같은 것이 튀어나왔다. 뭐가 잘못된 거지? 나름이는 너무 놀라 어쩔 줄을 몰랐다.

이게 어찌 된 일이야??

한자의 요정 그림이

"네가 한자를 다 돌아가게 했으면서 한자들을 부르면 오겠니?"

어디선가 들리는 작은 목소리에 나름이는 깜짝 놀랐다. 나름이는 소리가 나는 곳을 찾아 두리번거렸다. 그러다가 책상 위에서 낯선 인형 하나를 발견했다.

'내가 이런 인형이 있었나?'

생각하며 인형을 톡 건드렸다.

"안녕? 나는 한자들의 요정 그림이야."

나름이는 화들짝 놀라 뒷걸음질 쳤다. 말하는 인형인가? 인형이라고 하기에는 움직임도 말투도 너무 자연스러웠다. 이 요정은 놀란 나름이를 아랑곳하지 않고 말을 이어갔다.

"네가 한자를 사라지게 하는 주문을 거는 바람에 책에 살던 한자들이 모두 원래 있던 곳으로 돌아가 버렸어. 그래서 한자로 된 말을 하지 못하게 된 거야."

나름이는 놀란 마음을 가다듬고 숨죽여 들었다.

이 한자 요정의 말에 따르면 아까 말하지 못했던 숙제, 연필, 이상… 모두 한자로 된 말이라고 한다.

"그… 그럼 이제 어떻게 해야 해?"

"한자들을 돌아오게 해야지."

"어떻게?"

"나랑 같이 한자 나라로 가서 주문을 풀어야 해."

요정이라는 사실보다 더 당황스러운 말이었다. 나름이는 조금 머뭇거리며 말했다.

"꼭 내가 해야 하는 일일까?"

"당연하지. 주문을 건 사람만이 풀 수 있어. 우리말에는 한자로 된 말이 굉장히 많아. 더 늦었다간 사람들이 한자로 된 말을 하지 못하게 될 거야. 그렇게 되면 사람들이 주문을 건 네게 뭐라고 할 것 같아?"

나름이는 눈앞이 아득해지는 것 같았다.

"더 늦기 전에 나랑 함께 가자."

어려운 한자가 가득할 것만 같은 한자 나라에 가야 한다니. 나름이는 내키지 않았지만, 요정의 손에 이끌려 한자 나라로 향했다.

한자 나라로 향하는 계단

　나름이는 그림이를 따라 작고 네모난 문을 지나 깊은 통로를 지났다. 좁고 어두운 계단이 하늘 끝까지 이어져 있는 것 같았다. 이 계단이 끝나기는 하는 걸까? 한자 나라로 향하는 길은 한자 공부를 하는 시간보다 더 어렵고 힘들게 느껴졌다.

　'아! 한자 공부하는 게 더 낫겠어.'

　이런 생각이 들 즈음 쿵! 하고 검은 벽에 부딪쳤다. 올려다보니 커다랗고 검은 까마귀가 서 있었다. 나름이는 소스라치게 놀라 소리를 지를 뻔했다. 그림이가 나름이의 입을 막으며 말했다.

　"까마귀를 놀라게 하면 안 돼. 지금이야! 얼른 올라타!"

여기 올라타라고? 말도 안 된다고 생각하고 있는데 그림이가 나름이를 재빨리 까마귀 위로 끌어 올렸다.

2
한자 나라의 하늘

까마귀를 품은 태양

    까마귀는 그림이와 나름이를 태우고 까악까악 울면서 하늘을 향해 날아올랐다. 이 커다란 까마귀는 곧 거대한 태양 한가운데를 가로질렀다. 해가 뉘엿뉘엿 지면서 하늘이 조금씩 노랗게 물들었다. 하늘을 날고 있는 까마귀 등 위에서 보이는 하늘과 태양은 무척 아름다웠다.

    나름이가 소리쳤다.

    "이렇게 예쁜 해는 처음 봐!"

    그림이가 웃으며 말했다.

    "잘 봐. 우리가 탄 까마귀 모습이 글자가 되고 있어. 태양에 까마귀가 날아든 모습, 해를 뜻하는 날 일 日이야."

어느새 해 안의 까마귀 모습이 날 일 日자로 변해 있었다.

초승달의 맛

月

까마귀를 타고 이렇게 얼마나 날아갔을까?

서서히 해가 지고 하늘에는 반짝이는 달이 모습을 드러냈다.

"달이 참 예쁘게도 떴네."

나름이가 말했다.

그림이는 손가락을 휘둘러서 달을 잡아 건넸다.

"한자 나라의 반짝이는 달만큼 맛있는 글자도 없지. 먹어 봐."

그림이의 손에서 달이 은은하게 빛나고 있었다.

나름이는 달을 들고 한입 깨물었다.

달콤하고도 바삭해서 자꾸만 먹게 되었다. 그러자 달의 모양이 점점 얇아졌다.

"나름아, 맛있다고 다 먹어 버리면 안 돼."

나름이가 먹다 남긴 달은 사라져갈 듯 희미하게 빛나더니 이내 두둥실 하늘로 올라가 초승달 모양의 달 월 月이 되었다.

나름이는 자신이 맛본 초승달 모양의 글자를 보고 있으니 무거웠던 마음이 조금 가벼워지는 것 같았다.

한밤을 밝히는 놀이

"나름아, 내가 멋있는 거 보여 줄까?"

"뭔데?"

나름이가 눈을 반짝이며 대답했다.

"날 일 日과 달 월 月을 한데 모으면 어떻게 될 거 같아?"

나름이는 곰곰이 생각했다.

"글쎄… 해와 달이 모이면 엄청나게 밝지 않을까?"

"맞아!"

이렇게 말하며 그림이는 손을 내밀어 날 일 日과 달 월 月을 하나로 합쳤다. 이내 주변이 환해지면서 폭죽이 터지듯 아름다운

빛이 쏟아져 나왔다.

"멋있지? 내가 좋아하는 밝을 명 明이야."

"나도 해 볼래."

나름이가 그림이에게 날 일 日과 달 월 月을 건네받았다. 나름이의 손에서도 이 밝고 환한 글자 밝을 명 明이 폭죽처럼 아름답게 하늘로 떠올랐다. 그러는 사이 어느덧 한자 나라가 가까워지고 있었다.

한자 따라 쓰기 1

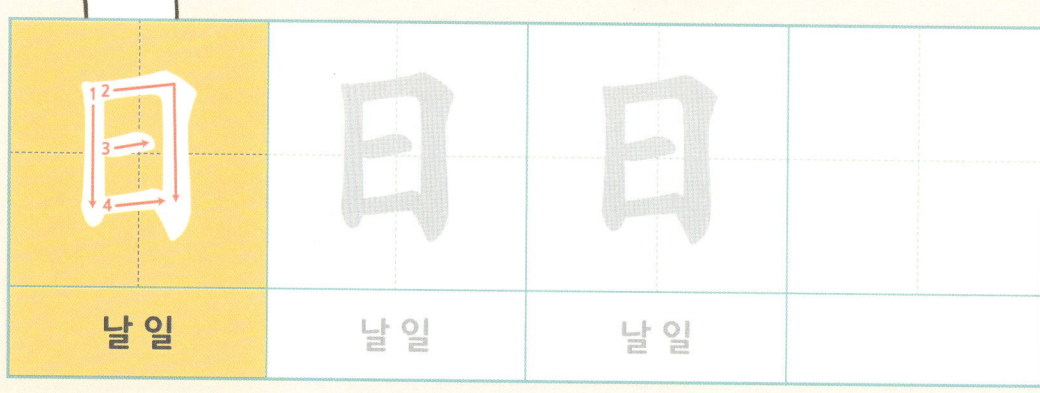

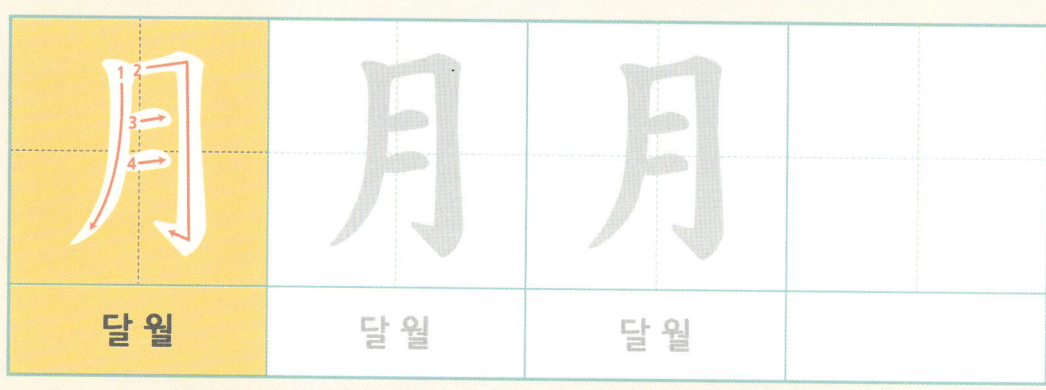

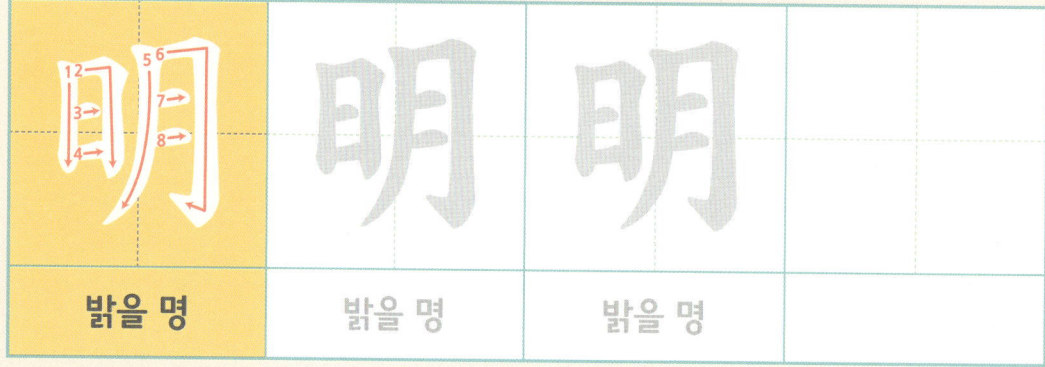

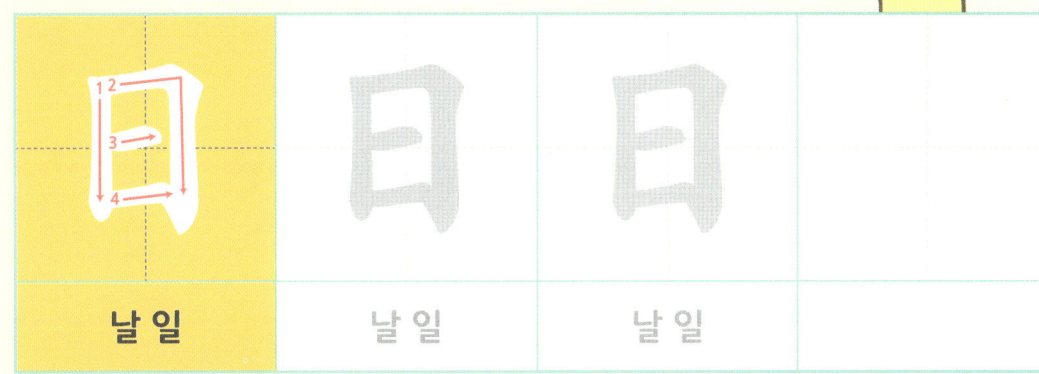

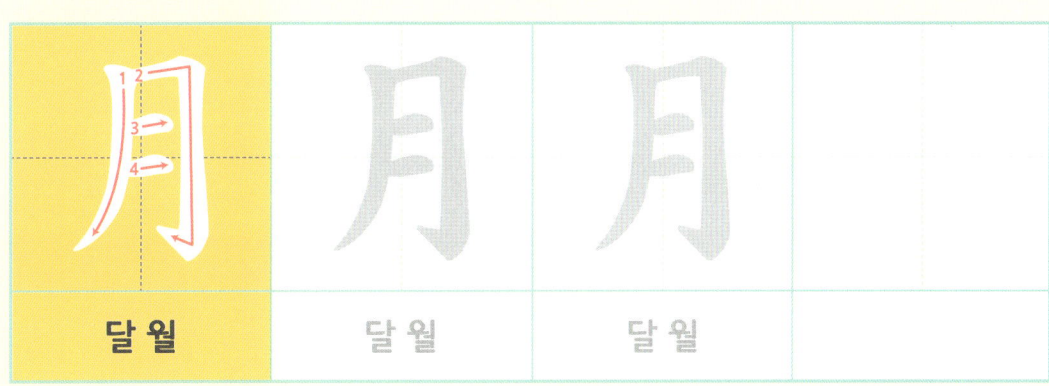

3

숲속의 나무들

잔잔히 흐르는 물

"저쪽에서 내리자."

나름이가 까마귀를 툭툭 치고 무언가를 말하니 까마귀는 그림이와 나름이를 숲속 물가에 내려 주었다.

깊은 숲속의 물은 졸졸 흐르다가 어떤 모양을 그리는 듯 움직였다.

"저기 봐, 물 수 水야!"

그림이가 소리쳤다.

물은 잔잔한 물결을 일으키면서 흐르고 있었다.

"저 물 수 水는 흘러 흘러서 천 개가 넘는 한자들과 함께하게 돼."

그림이와 나름이는 이 한자 물을 마셨다. 시원하게 목을 넘어가는 물이 몸 안에서 무언가를 샘솟게 하는 느낌이었다.

잠들어 있는 나무

　목을 축이고 기운을 차린 그림이와 나름이는 더 깊은 숲을 향해 걸어갔다. 숲 한가운데에는 엄청나게 큰 나무 한 그루가 있었는데, 그 크기가 하늘 끝까지 닿을 것만 같았다.

　그림이가 말했다.

　"저 나무는 한자 나라에서 제일 오래된 나무인 **나무 목 木**이야. 일단 잠들어 있는 나무를 깨워 보자."

　나무 앞에서 그림이는 나름이를 한번 쳐다보더니 말했다.

　"네가 한번 나무를 깨워 볼래?"

　"내가? 어떻게 하면 돼?"

"나무를 향해 아주 단순한 나무 모양을 그려 주면 돼."

나름이가 나무를 향해 손을 뻗어 나무 모양을 그렸다. 이리저리 휘젓다가 가지 세 개와 뿌리 세 개로 나무를 그리니 나무가 반짝이며 움직였다.

그리고 곧 허공에 나무 목 木이 뜨더니 나무가 가지를 흔들기 시작했다.

작은 가지가 톡 하고 떨어졌다.

그림이가 가지를 주워 툭툭 다듬었다.

"이건 한자들이 좋아하는 나무 목 木이야. 많은 한자에 이 木자가 붙어 있어."

숲속의 숨은 나무 찾기

"이 근처에 나무랑 관련된 한자가 더 있을 거 같은데…."

그림이가 말했다.

"아! 저기 하나 숨어 있네!"

그림이는 열매가 열린 나무를 향해 손을 휘저었다. 과일과 나무 모양을 선으로 반듯하게 이으니 **열매 과 果**가 나타났다. 그림이와 나름이는 이 글자를 만들고 난 뒤 떨어진 나무 열매를 맛있게 먹었다.

그림이는 배가 부르니 잠이 온다며 나무에 기대 잠이 들었다.

　이렇게 나무에 기대 쉬고 있는 사람의 모습도 글자가 될 수 있을까? 나름이는 나무 옆에서 쉬고 있는 그림이를 향해 손을 저어 글자를 그려 보았다.

　그러자 처음 보는 한자가 두둥실 떠올랐다.

　"뭐지? 내가 한자를 그린 건가? 혹시 아까처럼 이름을 불러 줘야 하는 걸까?"

　나름이는 생각나는 대로 이름을 불러 보았지만, 글자는 그게 아니라는 듯 흔들거렸다.

　그림이가 눈을 비비며 잠에서 깨어 이 모습을 보고선 눈이 동그래져서 말했다.

　"와, 나름아! 대단한데? 혼자서 쉴 휴 休를 불러낸 거야?"

　글자가 그제야 제 이름을 찾았다는 듯 흔들거렸다.

그림이는 나무들이 빼곡하게 자라난 숲 저편을 가리키며 나름이에게 말했다.

"아까 쉴 휴 休를 그린 것처럼 저 나무들도 글자로 그려 볼래?"

나름이는 손을 휘저어 아까 그렸던 것처럼 나무들을 그려 보았다.

나무 목 木 두 개를 함께 그리니 어떤 글자가 떠올랐다.

"저 글자는 나무들이 모여 숲의 모습을 한 수풀 림 林이야."

그림이가 빙그레 웃으며 알려 주었다.

나름이는 아까의 두 개의 나무 글자 위에 한 개의 나무를 더 그려 보았다.

"그 글자는 숲이 꽉 들어찬 모습의 **수풀 삼 森**이란 글자야."

나름이는 짧은 시간에 몇 개의 한자를 어렵지 않게 알게 된 것에 뿌듯해하며 말했다.

"한자 나라는 따분할 줄만 알았는데 숨은그림찾기를 하는 것 같은 재미가 있네?"

 물 수!

한자 따라 쓰기 2

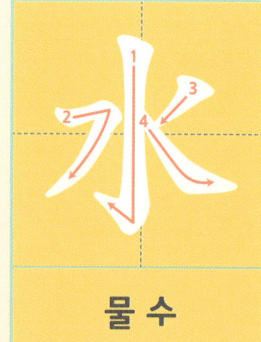	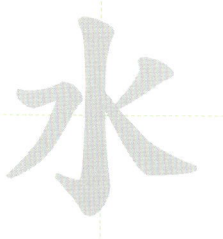		
물 수	물 수	물 수	

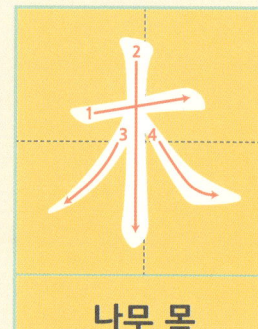	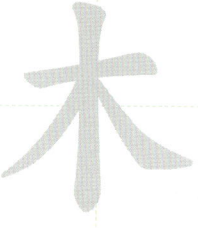	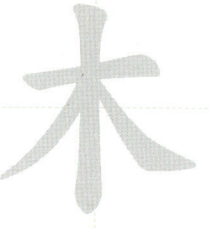	
나무 목	나무 목	나무 목	

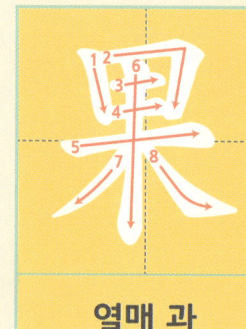			
열매 과	열매 과	열매 과	

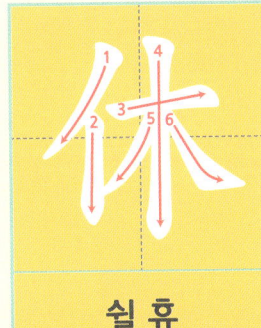		休	
쉴 휴	쉴 휴	쉴 휴	

林			
수풀 림	수풀 림	수풀 림	

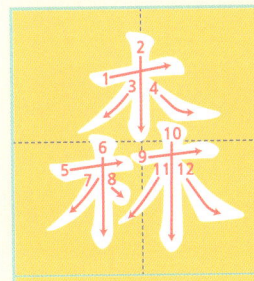			
수풀 삼	수풀 삼	수풀 삼	

4
봄을 부르는 푸른 씨앗

푸른 나무의 마을

산길을 따라가다가 그림이와 나름이는 작은 표지판을 발견했다. 표지판에는 무슨 글자들이 적혀 있었다. 한자로 된 글자라면 어렵다며 눈을 돌렸을 나름이지만, 이번에는 아는 글자가 눈에 띄어 자세히 살펴보았다.

"나무 목 木이네?"

나름이는 낯익은 글자가 반가웠다.

"오른쪽 글자에도 나무 목 木이 숨어 있는데?"

"그래, 나무 목 木에 다른 글자가 붙어 있지?"

그림이는 나름이에게 손을 들어 보였다.

"그 나무 목 木 옆에 붙어 있는 글자는 손의 마디 모양에서 나온 글자 마디 촌 寸이야. 이 글자는 마디만큼 가깝다는 뜻을 갖고 있어. 두 글자가 한데 모여서 무슨 뜻이 될 것 같아?"

"글쎄… 나무 목 木이랑 마디처럼 가까움을 표현한 글자 마디 촌 寸이라…."

나름이가 한참 동안 답을 찾지 못하자 그림이가 답을 말해 주었다.

"마디만큼 가까운 사람들이 나무 근처에서 마을을 이루고 살게 되었다는 뜻의 **마을 촌 村**이야."

나름이는 그림이의 말을 들으면서 고개를 끄덕이며 말했다.

"한자 속에 이야기가 담겨 있구나!"

할아버지와 더 할아버지

長 老

'마을에는 어떤 사람들이 살고 있을까?'

나름이는 한자 나라에서 처음 보는 한자 나라 사람들을 볼 생각에 설렜다.

마을로 들어서니 사람들이 모여 산다는 마을의 한자 표지판과는 다르게 두 할아버지만 살고 계셨다.

"안녕하세요?"

나름이가 반갑게 인사하자 한 할아버지가 물으셨다.

"너는 어디에서 왔니? 이곳 사람이 아닌 것 같구나."

"어떻게 아셨어요?"

나름이가 놀라서 묻자 할아버지가 조용한 목소리로 말씀하셨다.

"너에게는 씨앗 한자가 보이지 않는구나."

씨앗 한자? 그게 뭘까? 나름이가 궁금해져 물으려는데 다른 할아버지가 말을 이어나갔다.

"어쨌든 오래간만에 온 손님이구나. 이 마을에 온 것을 환영한다. 허허허!"

할아버지는 희고 긴 머리에 허리를 꼿꼿하게 펴고 계셨는데 할아버지가 일어서실 때마다 한자가 나타났다.

"나는 길 장 長이란다. 나는 마을에서 우두머리를 맡아 사람들을 이끌었지. 한자들은 나를 보면 길 장 長!이라고 말하며 고개를 숙였단다. 허허허허!"

"할아버지! 그러면 회장, 사장, 반장 모두 길 장 長이 들어가나요?"

"그렇단다."

나름이의 말에 할아버지는 뿌듯하신지 연신 장! 자를 말씀하셨고, 그때마다 길 장 長 한자가 깜빡거렸다.

할아버지보다 조금 더 나이가 든 것 같아 보이는 할아버지는 길고 헝클어진 머리카락에 지팡이를 짚고 계셨다.

"자네도 조금 더 있으면 지팡이가 필요하겠지. 시간이 지나면 다 늙는 걸세. 늙을 로 老! 허허허."

지팡이를 짚으신 할아버지의 말과 함께 늙을 로 老가 번쩍거리며 튀어나왔다.

"왜 이 깊은 산속에 할아버지 두 분만 살고 계세요?"

나름이가 물었다.

"모두 멀리 떠났어."

다른 할아버지도 거들었다.

"그래, 정말 활기차던 청목촌 青木村이었는데 그… 때문에….”

할아버지들은 말을 멈추고 생각에 잠기더니 나름이에게 되물으셨다.

"아니, 너희야말로 이 깊은 산속엔 어쩐 일이니?"

"말씀드리자면 복잡해요."

나름이는 선뜻 말할 수 없었다. 자신이 건 주문 때문에 한자들이 돌아가 버렸다는 것을 생각하니 마음이 무거워졌기 때문이다.

마을의 한가운데

나름이는 주위를 둘러보았다. 비어 있는 마을의 한가운데에는 깃발을 다는 긴 막대기가 꽂혀 있었다. 나름이가 호기심 어린 표정으로 바라보자 할아버지가 친절하게 설명해 주셨다.

"저기에 깃발이 달려 있었지. 깃발이 울타리 '한가운데' 있다고 해서 가운데 중 中이란다."

가운데 중 中을 말하는 할아버지의 목소리에 힘이 들어간 것이 느껴졌다. 나름이는 그 한자를 알아보기 위해 조금 멀리 뒤로 물러나 보아야 했다.

마을 전체가 눈에 들어오니 울타리와 깃발 모양이 정말 가운데 중 中 모양을 이루고 있는 것을 알 수 있었다.

나름이는 문득 마을 이름의 뜻이 궁금해졌다.

"그런데 할아버지 이 글자는 무슨 뜻이에요?"

나름이가 표지판의 푸를 청 靑자를 가리키며 말했다.

"음… 이 마을에는 우물과 식물이 많았단다. 내가 그 모습을 본 따서 그림도 그렸지. 한번 보겠니?"

"내가 그린 그림을 잘 보렴. 푸른 물이 담긴 우물과 푸른 식물의 모습이 글자를 이루고 있는 것처럼 보이니? 이 두 가지 모습에서 푸르다는 뜻만을 담아 푸를 청 靑이라는 글자가 되었단다."

"그럼 표지판에 있는 세 개의 글자가 모이면 무슨 뜻이 되는 건가요?"

"푸른 나무 마을이라는 뜻이 된단다."

한자가 되는 모습 재미있는 영상으로 다시 보기

봄을 부르는 씨앗

나름이와 대화를 하는 할아버지들의 표정이 무척 즐거워 보였다.

"이렇게 아이들과 얘기해 본 것도 오랜만이구나. 내가 씨앗을 선물로 주마. 필요한 곳에 쓰도록 하려무나."

나름이에게 씨앗 꾸러미를 주셨다. 불룩한 주머니 안에는 엄지손톱만 한 씨앗들이 가득 들어 있었다.

"이건 무슨 씨앗이에요?"

나름이가 물었다.

"봄을 부르는 씨앗이란다."

"이 씨앗이 봄을 부른다고요?"

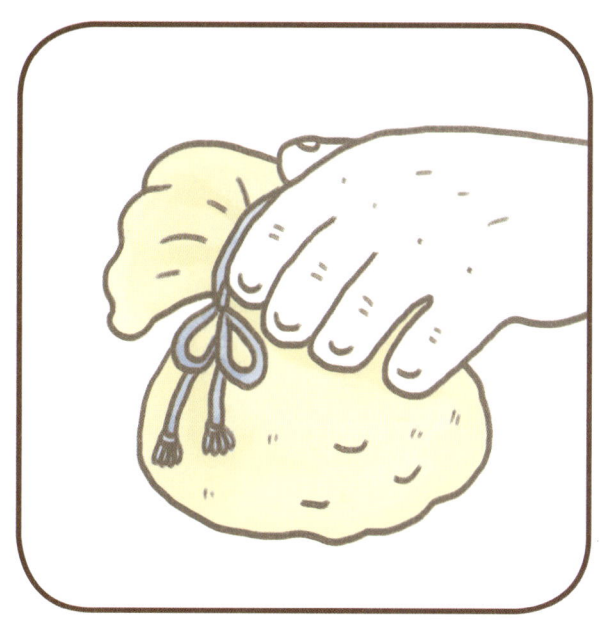

　나름이가 씨앗을 꺼내 보았지만 아무리 보아도 다른 씨앗들과 다르게 보이지 않았다.

　나름이를 지켜보던 할아버지는 창가의 화분에 씨앗 하나를 콕 집어넣었다. 그러자 곧 햇살이 따사로워지며 화분에서 새싹이 트고 바깥쪽 다른 나무들에서 잎이 자라기 시작했다.

　"자, 저기 봄 춘 春이 보이지?"

　　할아버지가 창가의 새싹과 풀잎을 가리키며 말씀하셨다. 화분 위에는 **봄 춘 春** 자가 떠 있었다.

　　"정말 봄이 담긴 씨앗이네요!"

　　나름이는 씨앗들이 무척 마음에 들었다.

　　"봄이 되면 땅 속에 묻혀 보이지 않던 씨앗들이 새싹을 내밀지. 너희들도 지금은 씨앗들처럼 작고 어리지만 무럭무럭 자라 큰 나무같이 어엿한 어른이 되겠지? 한자 나라의 한자들도 마찬가지란다. 씨앗같이 작고 간단한 한자들이 생각을 담고 담아 점점 자세하고 다양한 의미를 가지게 된단다."

　　할아버지가 빙그레 웃으며 말씀하셨다.

날개를 가진 작은 친구들

佳 鳥 集

　두 할아버지와 헤어지고, 그림이와 나름이는 산길을 따라 내려갔다. 길을 갈수록 둘은 지치고 배가 고파졌다.

　"뭐 먹을 거 없을까?"

　"이 씨앗밖에 없어. 먹을 수 있겠지?"

　그림이와 나름이는 씨앗을 입에 넣었다. 배가 무척 고팠기 때문인지 씨앗이 그렇게 맛있을 수가 없었다. 씨앗을 처음 깨물었을 때는 하늘같이 푸른 향이 났는데 씹으면 씹을수록 봄처럼 따뜻한 맛이 났다.

　그때였다. 작은 새가 씨앗을 먹고 있는 그림이와 나름이를 보고

귀여운 날갯짓을 하며 날아들었다.

작은 새도 한자 모양을 하고 있는 것 같았다.

"이 새의 한자 이름은 뭐야?"

"새 추 佳야."

작은 새는 나름이의 손가락 위에 앉더니 노래를 부르다가 이내 날아갔다.

"새 추 佳랑 더 놀고 싶었는데…."

나름이는 아쉬운 마음에 주머니에 있던 할아버지가 주신 씨앗 중 하나를 꺼내 바스러뜨려 바닥에 던져 보았다.

이번에는 조금 크고 꽁지가 긴 새가 날아와 씨앗을 쪼아 먹었다.

"새 조 鳥가 날아왔네. 한자 나라에서 가장 흔히 볼 수 있는 새지."

그림이가 말을 마치기도 전에 씨앗을 먹으려고 몇 마리의 새 조 鳥가 몰려왔다.

"이제 씨앗이 한 개밖에 남지 않았어. 미안해, 새들아."

나름이는 더는 씨앗을 줄 수 없었다.

새들은 나름이를 빤히 쳐다보며 씨앗 주기를 기다리다가 이내 날아가 버렸다.

날아간 새들은 저쪽 나무 위에 모여 앉았다.

나름이는 나무 위에 새 추 佳가 모여 앉아 있는 모습이 왠지 한 자가 될 것만 같았다.

"새들이 모여 있네. 저 모습도 글자가 될까?"

나름이가 물었다.

"맞아. 나무 위에 작은 새들이 모여 앉은 모습에서 '모이다'는 뜻을 나타낸 글자가 숨어 있어. 나무 목 木 위에 새 추 佳를 써서 이루어진 글자 모일 집 集이야. 이제 한자들을 잘 찾아내는데?"

산봉우리 세 개

　나름이는 문득 숲 밖으로 나가려면 얼마나 더 가야 하는지 궁금했다. 먼 산을 바라보니 겹겹이 산이었다. 한자 나라에는 산봉우리가 세 개씩 짝을 이룬 것처럼 보였는데 나름이는 무심결에 손을 들어 산을 따라 그려 보았다.
　"산… 산…."
　나름이가 웅얼거렸다. 그러자 산봉우리 세 개가 모습을 바꾸더니 산을 뜻하는 한자가 되었다.
　"나름아! 네가 메 산 山을 불러냈어!"
　"내가? 이 글자가 메 산 山이구나?"

나름이는 뿌듯해하며 글자를 바라보았다.

세 개의 산봉우리 모양을 한 글자가 이제 우리들만 지나가면 된다고 말하는 것 같았다.

한자 따라 쓰기 3

村	村	村	
마을 촌	마을 촌	마을 촌	

長	長	長	
길 장	길 장	길 장	

老	老	老	
늙을 로	늙을 로	늙을 로	

中	中	中	
가운데 중	가운데 중	가운데 중	

靑	靑	靑	
푸를 청	푸를 청	푸를 청	

한자 따라 쓰기 3

春	春	春	
봄 춘	봄 춘	봄 춘	

隹	隹	隹	
새 추	새 추	새 추	

鳥	鳥	鳥	
새 조	새 조	새 조	

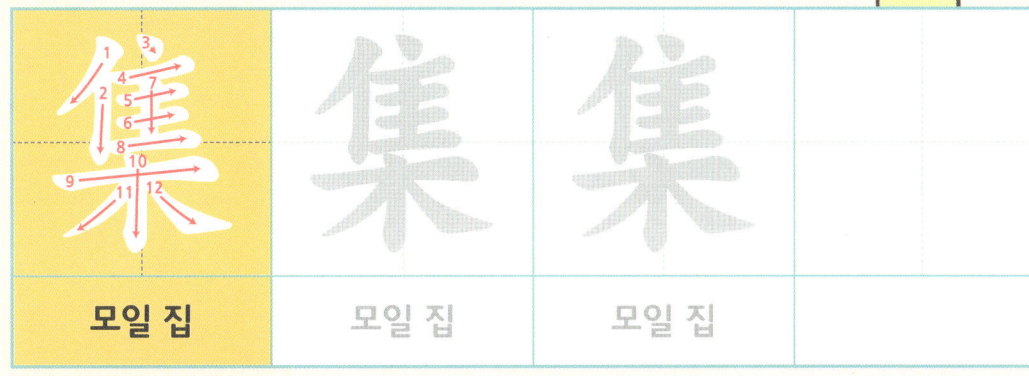

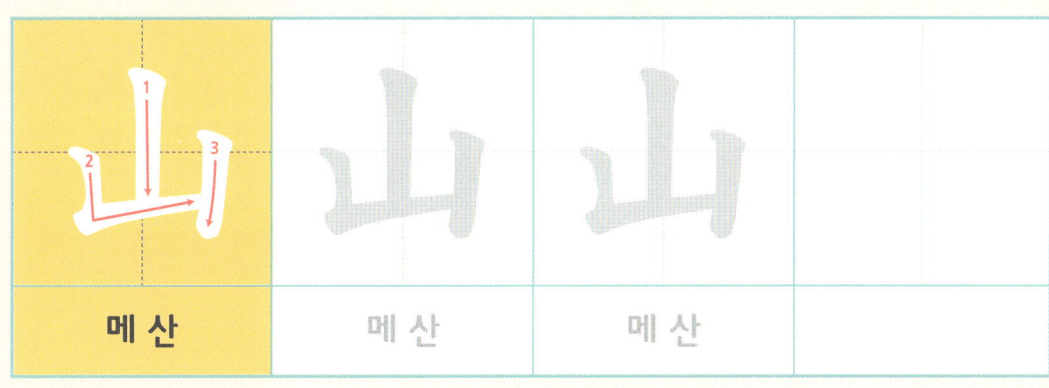

길을 따라서

네 갈래 길과 흙무더기

길을 따라 얼마나 걸어갔을까? 산길이 끝나고 사람들이 많이 다닌 듯한 길이 나왔다. 이 구불구불한 흙길은 네 갈래의 길로 이어져 있었는데, 그림이가 이 네 갈래 길을 가리키며 말했다.

"여기 글자가 숨어 있네. 찾을 수 있겠어?"

나름이는 잠시 고민하다가 길 모양을 따라 손으로 그려 보았다.

"오, 그거야! 이 네 갈래 길을 다닌다고 해서 다닐 행 行이야."

아무래도 한자 나라 사람들의 생각이 나름이의 생각과 비슷한 것 같다.

    조금 더 가니 흙이 겹겹이 쌓여 흙무더기를 이루고 있는 것이 보였다.

"여기에 흙 토가 보이는군."

그림이는 흙무더기를 향해 여섯 개의 점을 찍었다.

"나름아, 네가 이어 볼래?"

나름이는 점을 선으로 잇는 것쯤이야 하며 여섯 개의 점을 선으

로 이어 보았다. 선을 잇고 나니 흙 토 土가 나와 반짝였다.

가지런한 땅과
물을 담은 밭

    길 저편에는 한자 나라의 밭이 보였다. 봉긋하게 흙을 올린 곳에 채소들을 가지런히 키우고 있었는데, 잘 정돈된 밭이 어떤 글자가 될 것 같았다.

"여기도 한자가 숨어 있을 거 같아."

나름이가 말했다.

"응. 그래, 밭 전 田이야."

    그림이가 밭을 향해 손가락을 휘저으니 밭 전 田자가 반짝이며 떠올랐다.

    글자가 떠오르자 나름이가 손뼉을 치며 좋아했다.

"이게 밭이라면 논은 어떤 모양의 글자지?"

나름이가 물었다.

"논농사에는 밭농사와는 다르게 물이 많이 필요해."

나름이는 가지고 있던 물 수 水가 생각났다.

"물 수 水를 꺼내 볼까?"

나름이는 물 수 水를 꺼내 밭 전 田에 이리저리 붙여 보았다.

그러다가 물 수 水를 밭 전 田의 위로 붙이니 글자가 반짝반짝 빛이 났다.

그림이가 말했다.

"잘하는데? 이 글자는 논 답 畓이라고 읽어."

나름이가 폴짝 뛰며 말했다.

"한자 글자는 꼭 퍼즐처럼 맞춰지는구나!"

돼지의 집이 보이면

조금 더 가니 돼지 한 마리가 보였다. 그림이는 반가워하며 말했다.
"하핫, 드디어 찾았다. 집이 보이네."
"난 돼지밖에 안 보이는데?"
그림이는 손을 휘둘러 돼지의 모습을 따라 선을 그었다.
"이건 **돼지 시 豕**인데, 지붕 밑에 들어가서 **집 가 家**가 되지."
그림이가 말했다.
"돼지가 사는 곳이 **집 가 家**가 된다고?"
나름이의 물음에 그림이가 잠시 생각하더니 말했다.
"사람들이 농사를 짓고 한 곳에 살게 되면서 함께하던 동물들도

한 곳에 있게 되었어. 키우는 동물들도 지붕 밑에 살게 되었으니 사람들은 말할 것도 없지."

좋은 땅에 모여

　조금 더 가자 두 번째 마을이 보였다. 마을 앞에는 里라는 표지판이 세워져 있었다. 글자를 자세히 보자 위와 아래를 반씩 나누어 보면 아는 글자인 것도 같았다.

　나름이는 글자를 보며 말했다.

"위아래 글자가 어디서 본 적 있는 것 같은데?"

"맞아. 밭 전 田과 흙 토 土야."

"흙이 있고 밭이 있다? 농사와 관련이 있는 걸까?"

　그림이가 웃으며 대답했다.

"맞아."

"그럼 이 글자 뜻은 뭐가 되는 거야?"

"좋은 땅을 밭으로 일구며 마을을 이루었다고 해서 **마을 리 里**야."

한자 따라 쓰기 4

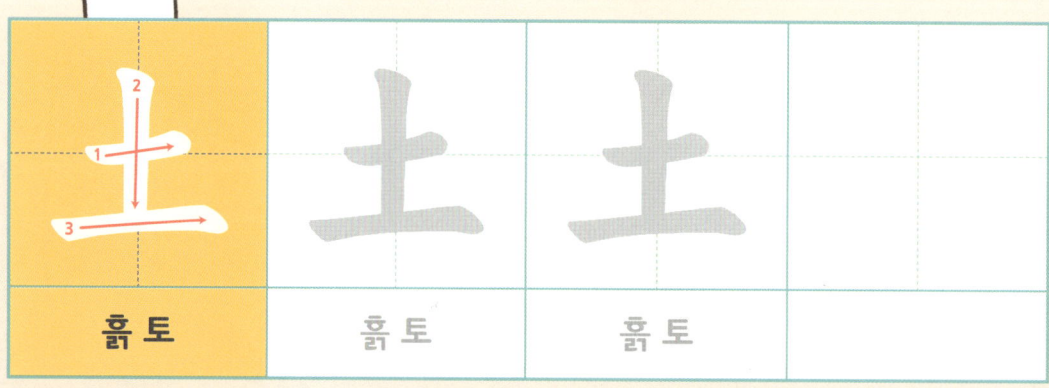

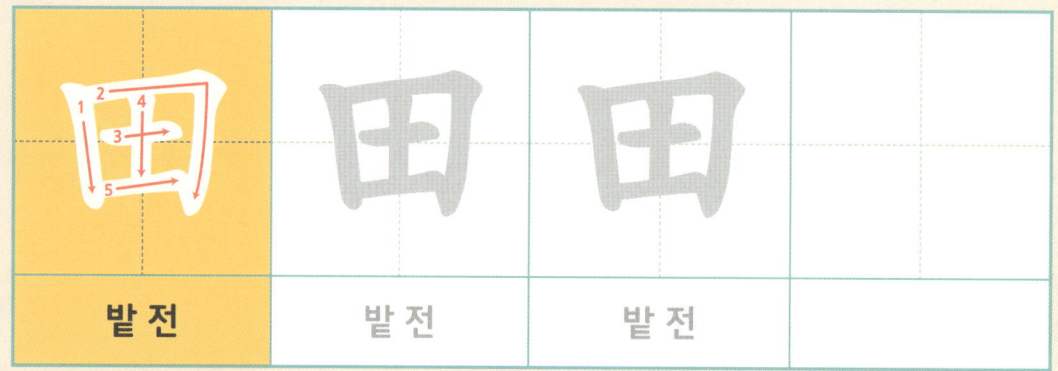

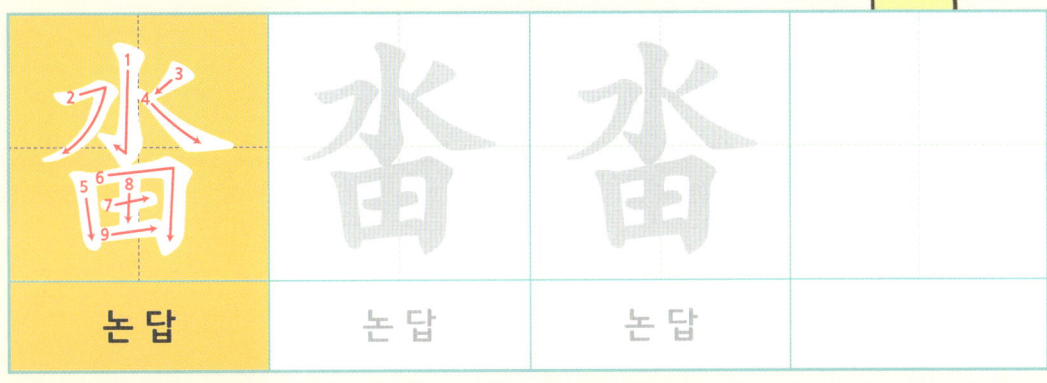

논답　논답　논답

집가　집가　집가

불이 남긴 가루와 눈물

불을 쬐고 있어

그림이와 나름이는 마을 안쪽으로 들어갔다. 마을 안쪽 바닥에는 글자가 하나 떨어져 있었다. 나름이가 처음 보는 한자 글자였다.

"이건 무슨 뜻이야?"

그림이가 다소 무거운 표정으로 말했다.

"그건 붉을 적 赤자야. 사람이 팔을 벌리고 있고 밑으로 불이 있는 모습이지. 불을 쬐고 있는 모습처럼 보이지만…."

그림이가 표정이 어두워지며 말을 멈추었다. 어디선가 타는 냄새가 나는 것 같았다. 나름이가 소리쳤다.

"저쪽에 불이 난 것 같아!"

한자가 되는 모습 재미있는 영상으로 다시 보기

만질 수 있는 불의 가루

밭 한구석에 정말로 불이 나 있었다.

"**불 화 火**야!"

불의 모습을 보고 그림이가 소리치자 **불 화 火**가 더 높이 솟구쳐 올랐다.

곧 **불 화 火**는 위아래 두 개로 갈라져 더 거센 모양의 불이 되어 **불꽃 염 炎**을 이루었다.

그림이와 나름이는 흠칫 놀라 뒷걸음질 쳤다. 불은 화가 많이 나서 모든 것을 태워 버리려는 듯 한참을 타올랐고, 주변을 모두 태우고서야 꺼졌다.

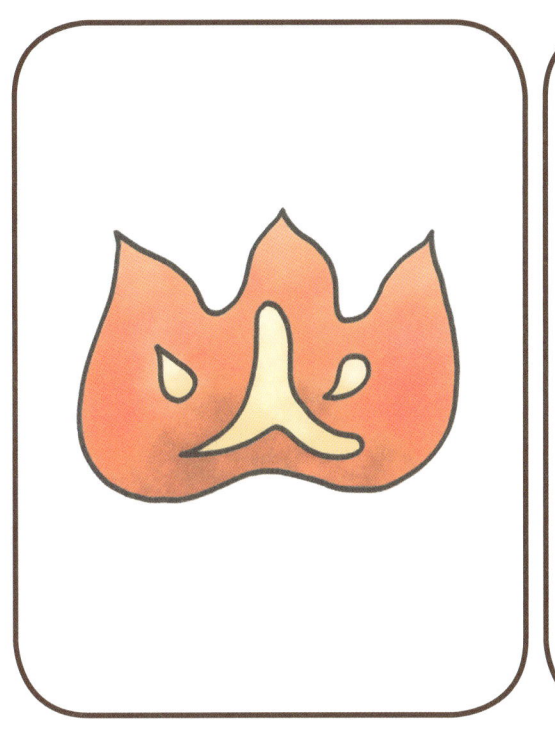
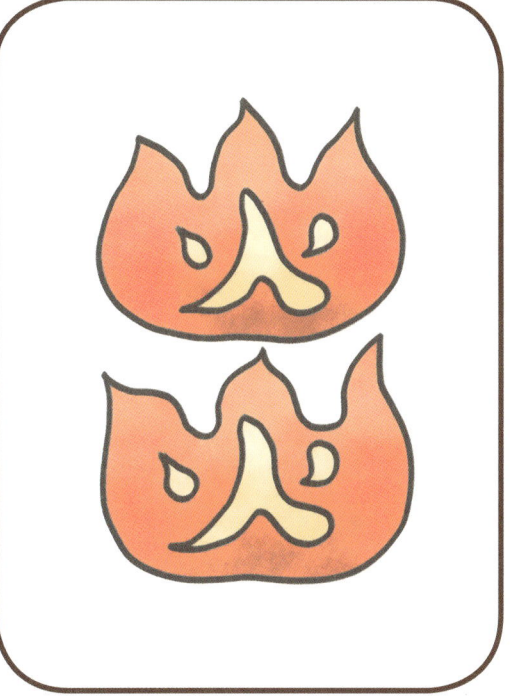

몸을 피하고 있던 그림이와 나름이는 불이 쓸고 간 자리를 향해 다가갔다. 밭은 검게 타버렸고 온통 회색빛 재들이 가득했다. 그림이는 불이 남기고 간 회색빛 재들을 만지작거렸다.

"그림아, 뭐 하는 거야?"

나름이가 물었다.

"재에서 불이 만져지는지 알아보는 거야. 이건 만질 수 있는 불의 가루로 재 회 灰라고 불러."

이내 그림이의 손 모양과 회색빛 불 화 火 모양이 어우러져 재 회 灰가 되었다.

눈물을 찍어줄게

그림이와 나름이가 재를 만지작거리고 있는데 저 건너편에 한 사람이 우두커니 서 있는 모습이 보였다. 그 사람은 회색 재를 잔뜩 뒤집어쓰고 불에 타 버린 쪽을 향해 멍하니 서 있었다. 자세히 보니 손을 좌우로 뻗고 다리를 벌리고 서 있는 모습에서 어떤 한자가 보일랑 말랑했다.

"설 립 立이군…."

그림이가 말했다.

설 립 立은 울 것만 같은 표정이었지만 울지 않았다.

"슬픈데 눈물이 나오질 않아! 눈물이라도 흘리면 시원하련만…."

설 립 立이 말했다.

그림이와 나름이는 설 립 立에게 물 수 水를 조금 찍어 주었다. 그러자 물 수 水가 세 개의 방울 모습으로 바뀌며 설립의 왼쪽에 붙었다. 설 립 立은 곧 흐느껴 우는 울 읍 泣이 되었다.

"이럴 바에야 나도 성안으로 들어갈 걸 그랬어…!"

"왜? 대체 무슨 일이 있었던 거야?"

나름이가 물으니 울 읍 泣이 소리 없이 울며 대답했다.

"내 씨앗 한자는 울 읍 泣이 아니라고. 그… 때문에…."

울 읍 泣은 말끝을 흐리며 더 말하려 하지 않았다.

'씨앗 한자? 산속 할아버지도 씨앗 한자를 말씀하셨던 것 같은데…. 한자들의 이름 같은 것일까?'

나름이는 혼자 이렇게 생각하며 그림이와 함께 한자 나라의 성으로 향했다. 성안에 들어가면 한자들을 되돌릴 방법도 찾을 수 있을 것만 같았다.

회색빛 재 속에서 재 회 灰를 다섯 개 찾아 보세요.

101

한자 따라 쓰기 5

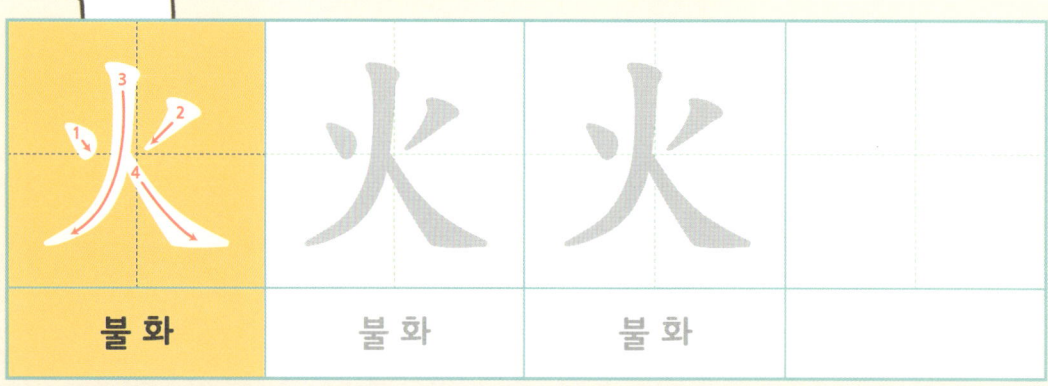
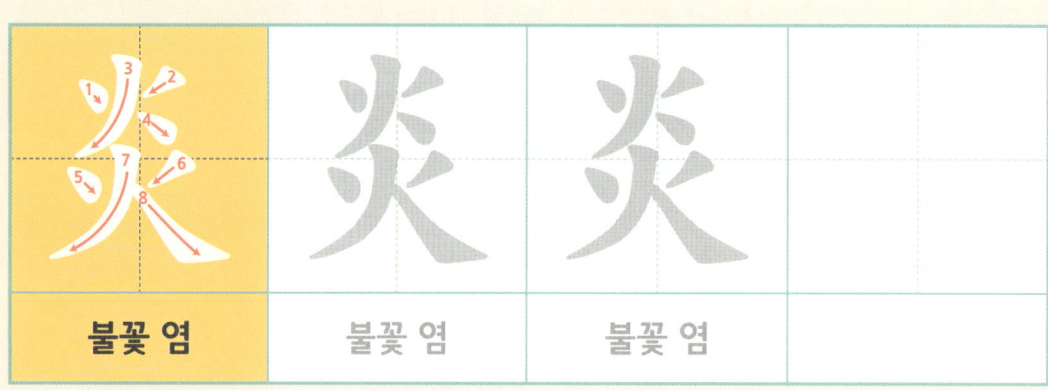

灰	灰	灰	
재 회	재 회	재 회	

立	立	立	
설 립	설 립	설 립	

泣	泣	泣	
울 읍	울 읍	울 읍	

한자 나라의 성으로 들어가다

굳게 닫힌 문

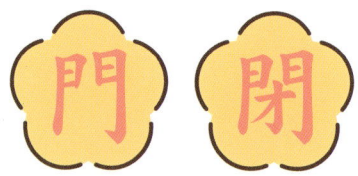

길을 따라 얼마나 걸어갔을까? 어느덧 저 멀리 한자 나라의 성이 보이기 시작했다. 성은 단단한 벽돌을 쌓아 올린 성벽으로 빙 둘러싸여 있었는데, 닫혀 있는 문의 모습에서 글자 모양이 떠올랐다.

"문 문 門, 문 문 門! 문을 열어 주세요!"

그림이가 문 앞에서 글자의 이름을 외쳐 보았지만, 성문은 열리지 않았다.

"안쪽에서 빗장을 걸어 잠가 놓은 것 같아. 문 문 門이 굳게 닫힌 닫을 폐 閉의 모습이니 쉽게 열어 주지는 않을 것 같은데?"

그림이가 말했다. 한자 나라에서 무엇이든 척척 해결하던 그림이에게도 할 수 없는 일이 있나 보다.

씨앗 의식

人 大 太 天

성문 앞에는 무언가 작고 반듯한 글씨로 메모가 적혀 있었다.

'씨앗 의식을 치른 사람만 성안에 들어갈 수 있음.'

"씨앗 의식이 뭐지?"

"씨앗 의식은 깜깜한 생각의 저편에 있는 씨앗 한자를 찾는 의식이야."

"씨앗 한자라고? 나도 들어본 적이 있어. 그 씨앗 한자라는 것은 무엇을 말하는 거야?"

"씨앗 한자는 한자들이 온몸으로 말하고자 하는 생각이나 느낌 같은 거야. 성안으로 들어가려면 이 씨앗 의식을 거쳐야만 해. 한자 나라에서는 모두 자신만의 씨앗 한자를 가지고 있어. 씨앗 의식을 거치면 진정한 한자 나라 사람으로 보이게 될 거야."

"나도 내 씨앗 한자가 있을까?"

"응. 아직 네 씨앗 한자가 무엇인지는 모르겠지만, 나름이 너도 씨앗 한자를 찾을 수 있을 거야. 너의 씨앗 한자를 찾으면 주문을 풀 방법도 알 수 있지 않을까?"

"씨앗 의식을 치르고 나면 원래 내가 있던 곳으로 돌아가지 못하는 건 아니겠지?"

나름이는 낯선 의식을 치르자니 걱정이 앞섰다.

"그렇지는 않을 거야."

그렇지는 않을 거라고? 그럼, 그럴 수도 있다는 말인가? 나름이는 성안에 들어가서 한자들을 돌아가게 할 방법을 꼭 찾고 싶었다. 하지만 무슨 의식 같은 것을 치르고 완전히 한자 나라 사람이 되어서 이곳에 남아야 하는 것은 아닌지 걱정이 되었다.

그림이가 이런 나름이의 걱정을 눈치 챘는지 조심스럽게 말했다.

"예전에 어떤 사람이 나름이 너처럼 한자 나라에 와서 잠시 머물다가 씨앗 한자를 찾은 후 많은 문제를 해결하고 다시 인간 세상으로 돌아갔다는 이야기를 들은 적이 있어. 정말 오래된 일이지만."

"그게 정말이야?"

나름이는 단 한 사람이라도 원래의 세상으로 돌아간 사람이 있다면 자신도 못 할 것 없다는 생각이 들었다. 용기를 내어 이 모험을 해 보기로 결심했다.

"나 씨앗 의식을 해 볼래."

"좋아. 하지만 쉽지는 않을 거야."

그림이는 기합을 넣은 듯 조금 큰 소리로 말했다.

"자, 그럼 씨앗 의식을 시작할게. 나를 따라 해!"

그림이는 성문 앞쪽으로 가서 조용히 두 발을 벌리고 서서 손을 가지런히 했다.

"사람 사람 **사람 인 人**!"

그러자 **사람 인 人**자가 튀어나왔다. 그리고 몸이 마치 엘리베이터라도 탄 것처럼 위로 둥실 올라갔다. 그동안 한자 모양을 찾아서 글자가 되도록 한 것처럼 그림이도 한자가 되는 것 같았다.

'스스로를 한자로 만드는 의식인가?'

나름이는 이렇게 생각하며 그림이를 따라 했다.

하늘로 떠오른 그림이는 손을 양옆으로 크게 뻗었다.

"손을 벌려 크게 크게 **큰 대 大** 커져라, 커져라!"

그림이는 이렇게 말하며 땅 쪽으로 폴짝 뛰었다.

나름이도 곧 따라 했다.

나름이는 이게 뭘 하는 건가 하면서도 은근히 재미있었다. 그림이와 나름이의 몸집이 성문만큼 점점 커졌다.

"그보다 큰 것이 있으니 클 태 太"

그림이는 이렇게 말하며 다시 폴짝 뛰었다. 나름이도 함께 뛰어오르자 땅이 순식간에 작아지더니 아까의 큰 대 大 밑에 점을 이루며 클 태 太를 만들었다.

땅이 작아지자 그림이와 나름이는 허우적거리며 밑으로 떨어졌다.

그림이는 하늘을 바라보며 말했다.

"그러나 하늘 천 天, 하늘 천 天보다 클 순 없다네!"

밑을 알 수 없는 곳으로 떨어지면서도 나름이는 열심히 그림이를 따라 했다. 나름이가 그림이를 따라 큰 대 大 모양으로 팔을 벌리자 위로 하늘 모양의 선이 생겨 하늘 천 天을 이루었다. 그리고 그림이와 나름이는 하늘에 꽃씨가 날리듯이 살랑살랑 아래로 내려왔다.

바닥에 닿을 때쯤에는 따뜻한 바람이 느껴지더니 가슴이 조금 답답해졌다.

이내 온 세상이 흐릿해져 아무것도 보이지 않게 되었다. 나름이는 기운이 빠지며 잠이 오기 시작했다.

"나름아, 이제 너 하기에 달렸어. 너의 씨앗 한자를 꼭 찾도록 해!"

몽롱한 가운데 그림이가 외치는 소리가 들렸다.

잃어버린 느낌들

얼마나 지났을까?

코가 조금 답답하더니 점점 숨이 크게 쉬어졌다. 스스로 코로 숨을 쉴 수 있게 되니 나름이에게 코 모양의 **스스로 자 自**자가 생겼다.

곧 귀가 간질간질하더니 귀 모양의 **귀 이 耳**자가 생겨나고, 멀지 않은 곳에서 속닥거리는 소리가 들려왔다.

'무슨 소리지?'

이번에는 눈 쪽이 간지러워지더니 나름이는 눈을 번쩍 뜬 모양의 **눈 목 目**을 가지게 되었다.

나름이가 다물고 있던 입을 크게 벌리니 그 모양에서 입 구 口가 나왔다.

한자 나라의 돌잡이

눈을 떠 보니 나름이 앞에 낯선 두 사람이 서 있었다.

그중 한 사람이 나름이를 가볍게 안았다.

"정말 똘똘해 보여요."

"그러게 말이에요, 허허허."

낯선 아주머니와 아저씨가 나름이를 보면서 환하게 웃으며 말했다. 두 사람은 무척 기분이 좋아 보였다.

나름이는 어리둥절했다.

'내가 똘똘한데 왜 저 아저씨와 아주머니가 기분 좋으신 거지?'

아저씨와 아주머니는 바쁘게 움직이시더니 어디선가 알록달록한 종이들을 가지고 오셨다. 다섯 가지 색깔의 종이에는 무슨 글자가 적혀 있었다.

아주머니가 나름이에게 색깔 종이를 들어 보이며 천천히 또박또박 읽어 주셨다.

"붉을 적 赤, 누를 황 黃, 푸를 청 靑, 검을 흑 黑, 흰 백 白."

"이건 주위를 하얗게 비추는 촛불 같은 흰 백 白이고, 이건 황제의 색깔인 누를 황 黃이란다. 푸를 청 靑과 붉을 적 赤, 검을 흑 黑도 있단다. 다섯 가지 색깔 한자 중에서 한 개를 골라 보렴."

아주머니는 왜인지 두 한자 말고 다른 글자들은 설명해 주지 않으셨다. 나름이는 아주머니의 다음 설명을 기다리다가 답답한 마음에 검을 흑 黑을 가리켰다. 가장 궁금했던 글자였다.

검을 흑 黑을 가리키는 나름이를 보고는 아주머니와 아저씨는 조금 놀란 표정을 짓더니 이내 웃으며 말씀하셨다.

"한자 나라의 악동이 되려나 보군. 검을 흑 黑을 선택하다니."

"장난꾸러기면 어때요? 우리의 아이인걸요."

'우리의 아이라니, 그게 무슨 소리지?'

나름이가 말도 안 된다는 듯 팔을 내저었다. 그런데 나름이 눈에 비친 팔이 갓난아이처럼 짧고 통통해 보였다.

'잠깐…. 내가 어떻게 된 거야?'

꿈에서의 만남

나름이는 온 힘을 다해서 팔과 다리를 버둥거렸다. 그렇게라도 하니 몸의 감각이 조금씩 돌아오는 것 같았다. 빨리 움직여서 그림이가 있는 곳으로 가고 싶었다.

이야기를 나누던 한자 아주머니와 아저씨는 이런 나름이를 귀엽다는 듯 바라보았다. 그리곤 곧 나름이를 데리고 자신들의 집으로 향했다. 당황한 나름이는 온 힘을 다해 버둥거렸다. 그런 나름이를 보고 아주머니는 안심시키듯 부드럽게 말했다.

"괜찮아, 아가야. 조금 잠을 자야 할 텐데…. 꿈 몽 夢."

아주머니의 따뜻한 목소리를 들으니 나름이는 갑자기 나른해지

며 잠이 쏟아지기 시작했다.

깊은 잠이 든 나름이는 꿈속에서 눈을 떴다. 나름이는 꽃밭 위에 서 있었는데 그곳에는 커다란 보라색 방울꽃들이 피어 있었다. 보라색 꽃 속에서 그림이가 꾸물꾸물 튀어나왔다.

"그림아, 어디 갔었어!"

나름이는 큰 소리로 그림이를 반기며 안았다.

"내가 아주 어린 아기가 되었지 뭐야."

"씨앗 의식을 치르고 모습이 바뀌는 사람이 있다고 하지만, 갓난

아이가 된다는 이야기는 나도 처음 들었어. 네 씨앗 한자와 관련이 있는 것 아닐까?"

"난 내 씨앗 한자가 뭔지도 모르는걸!"

나름이의 말에 그림이가 말없이 미소 지었다.

그리고 모습이 서서히 옅어지더니 이내 사라져 버릴 것 같았다.

"나보고 한자 나라에서 혼자 씨앗 한자를 찾으라고?"

나름이는 사라져 가는 그림이를 잡으려 팔을 허우적거렸지만 소용없었다.

이내 사라진 그림이의 뒤로 보라색 꽃만이 꽃 화 花 모양을 하고 있었다.

한자 따라 쓰기 6

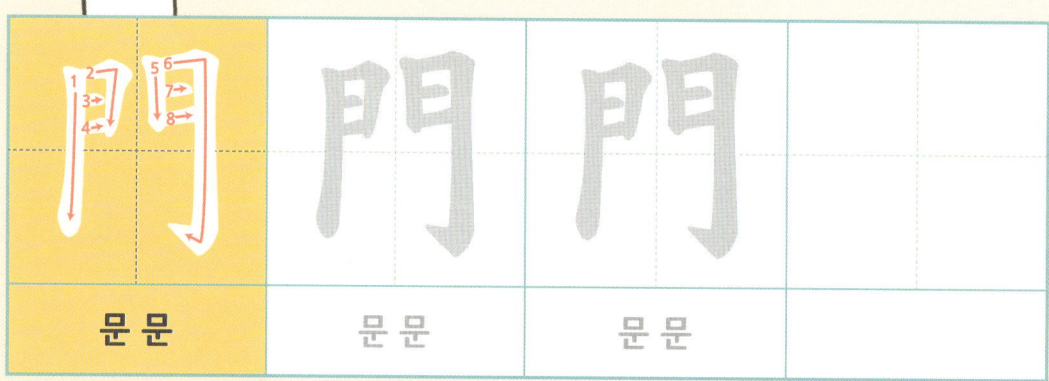

문 문

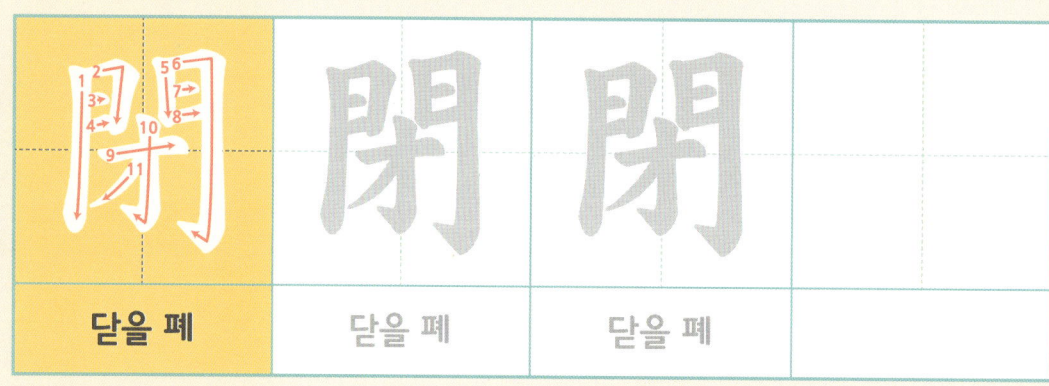

닫을 폐

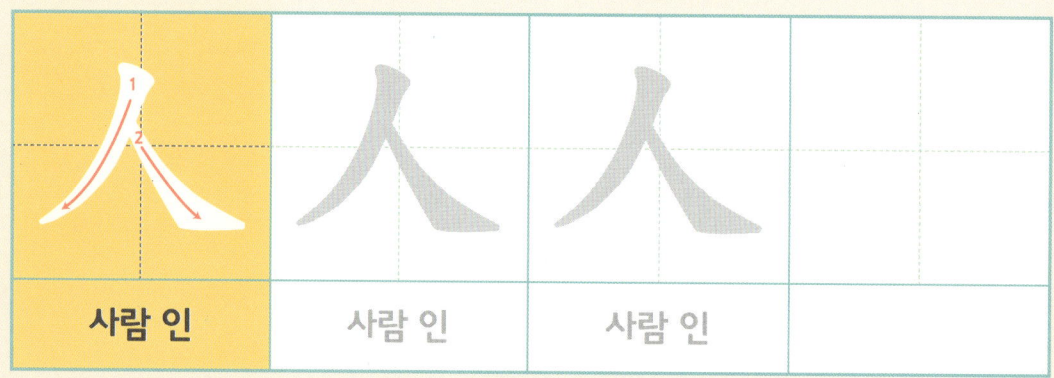

사람 인

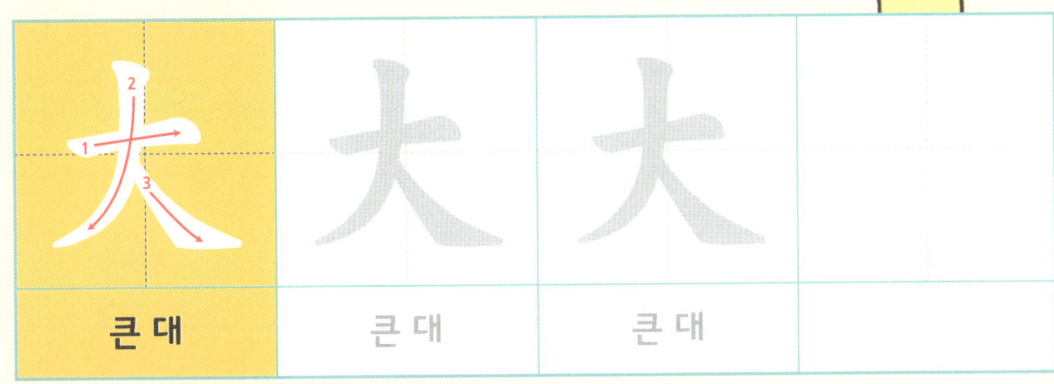

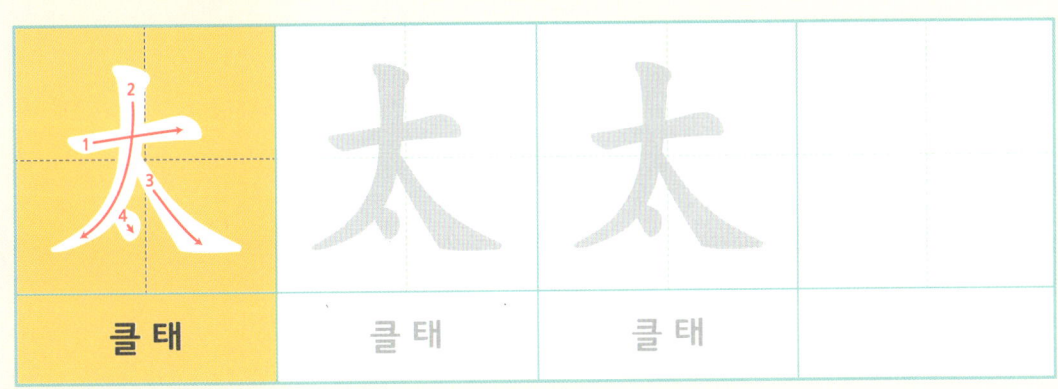

한자 따라 쓰기 6

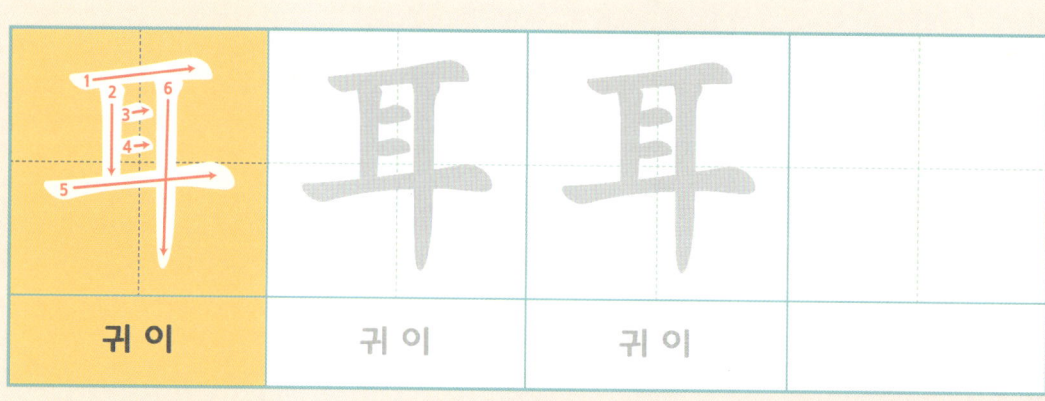

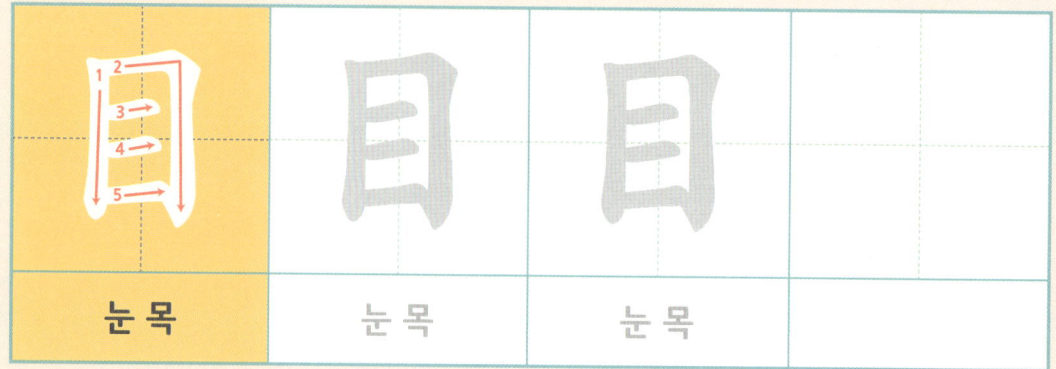

口	口	口	
입 구	입 구	입 구	

夢	夢	夢	
꿈 몽	꿈 몽	꿈 몽	

花	花	花	
꽃 화	꽃 화	꽃 화	

한자 따라 쓰기 6

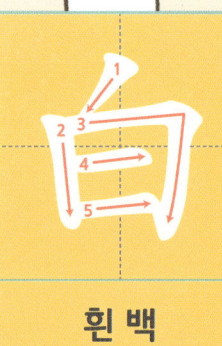		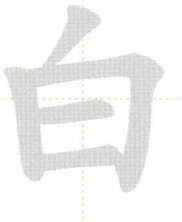	
흰 백	흰 백	흰 백	

	赤		
붉을 적	붉을 적	붉을 적	

	青	青	
푸를 청	푸를 청	푸를 청	

	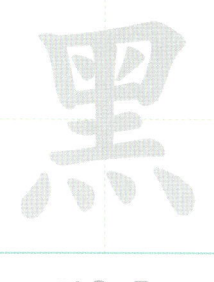		
검을 흑	검을 흑	검을 흑	

누를 황	누를 황	누를 황	

8

온몸으로 느끼는 한자

한자 가족이 생겼어

작은 아이가 된 나름이는 온종일 울거나 먹는 것이 일이었다. 이 모습에서 가끔 **아들 자 子** 자 글자가 두둥실 떠올랐다. 나름이는 자신의 모습에서 한자가 떠오르는 것을 보곤 기가 막혀서 울고 또 울었다.

아주머니는 나름이를 달래며 자신을 어떻게 불러야 하는지 가르치려는 듯 손가락으로 자신을 가리키며 연신 이렇게 말씀하셨다.

"엄마! 어머니!"

나름이는 진짜 엄마에게 미안해서 내키지는 않았지만, 자신을 위해 애쓰는 아주머니를 위해 한 번쯤 불러 드려야 될 것 같았다.

"모- 모-."

아직 혀가 마음대로 움직이지 않아서 발음이 잘되지 않았다.

"그래, 그래. 어머니 모 母란다. 어머니 모 母."

아주머니는 무척 기뻐하셨다. 나름이가 어머니라 부르자 어머니 모 母라는 글자가 떠올랐다. 아이를 안고 있는 엄마의 모습이었다.

나름이는 곧 기어다닐 수 있게 되었다. 나름이는 열심히 기어서 밖으로 나왔다. 일어날 줄을 알아야 걸을 수도 있고 씨앗 한자도 찾을 수 있을 텐데. 나름이는 온 힘을 다해 몸을 일으켜 보았다.

하나, 둘, 셋…. 다리에 힘을 주고 손을 벌려 간신히 일어났다.

그러자 곁에서 나무를 자르고 있던 아저씨가 연장을 들고 있는 채로 손을 벌리고 펄쩍 뛰며 기뻐했다.

"기특한 녀석, 벌써 일어서다니. 이 아버지가 너무 기쁘구나!"

이때 이런 한자 아빠의 모습에서 **아버지 부 父** 모습이 튀어나왔다.

한자 나라에서의 시간이 얼마나 흘렀을까? 나름이는 제법 걸을 수 있게 되었고 발음은 좋지 않지만, 말도 할 수 있게 되었다. 나름이가 글을 배울 나이가 되었다고 생각한 한자 나라 엄마 아빠는 집에서 글자를 하나둘 가르치기 시작했다.

"**날 일 日, 달 월 月, 나무 목 木! 물 수 水!**"

아버지 부 父가 가르쳐 주는 글자들을 나름이는 어렵지 않게 척

기억하고 말하였다. 사실 이 글자들은 모두 그림이와 익혔던 글자였기 때문에 나름이에게는 그다지 어렵지 않았다. 이런 사실을 모르는 **아버지 부 父**는 우리 아이가 신동이라며 무척 기뻐하셨다.

그러던 어느 날 **어머니 모 母**가 나름이에게 꽃밭을 구경시켜 주셨다. 꿈에서 보았던 연보라색 꽃이 가득한 곳이었다. 나름이는 혹시 그림이가 이곳에 있을까 싶어서 꽃밭을 이리저리 돌아다니다가 **어머니 모 母**와 멀리 떨어지게 되었다. 그때였다.

"나름아!"

멀리서 그림이의 목소리가 들렸다. 너무나 반가운 목소리였다. 나름이는 고개를 들어 그림이 쪽을 향해 뛰어가며 외쳤다.

"그림아, 어디 있었어! 내가 얼마나 찾았다고…."

나름이는 반갑게 그림이를 얼싸안으며 말했다.

"나름아, 이제 제법 한자 나라 사람이 된 것 같아 보이는데?"

그림이의 말을 듣고 나름이는 그동안에 겪은 일들을 알려 주었다. **어머니 모 母**, **아버지 부 父**, 그리고 가끔 나름이를 괴롭히는 한자 형에 대해서도 자세하게 늘어 놓았다.

나름이는 그림이와 한자의 집으로 돌아왔다. 집으로 돌아오니 한자 나라 형이 문 밖에서 누군가를 기다리는 듯 앉아 있다가 나름이를 보고 자리에서 벌떡 일어났다.

　형은 한자 나라에서 맏이로서 각종 가족 행사에서 할 일이 많았다. 행사를 할 때 필요한 말들을 모두 외워서 입으로 줄줄 말해야 했는데 꿇어앉아서 해야 할 때가 많았다. 이 모습을 본떠서 형 형 兄이란 한자를 붙였는데, 지금도 형이 앉았다 일어나니 형 형 兄이란 한자가 툭 튀어나왔다.

　"이 녀석, 어머니가 얼마나 찾으신 줄 알아? 나도 동생을 제대로 돌보지 않았다고 엄청 혼이 났다고."

　형은 손으로 나름이의 머리를 콩 찧으며 나무랐다.

우리 집을 소개할게

한자 나라 형과 헤어지고 나름이와 그림이는 한자 집을 이리저리 돌아다녔다. 한자 **아버지 부 父**와 **어머니 모 母**의 집은 아주 컸는데 그 근처에서 높고 멋있는 집 중 하나였다.

"나도 밖에서 이 집을 본 적이 있어. 사람들이 이 집을 **높을 고 高**라고 부르더라고."

그림이가 말했다.

"2층 이상으로 된 집은 흔치 않아서 높다는 표현을 할 때 이런 집의 모양을 따서 **높을 고 高**라고 한대."

나름이는 우쭐한 듯 말했다.

한자 나라의 집들은 옛날 기와집 같은 모습이었는데 나름이의 한자 나라 집도 마찬가지였다. 긴 나무들이 받치고 있는 천장은 양옆으로 기울어져 있었다. 나름이가 천장 쪽을 가리키며 말했다.

"집 안쪽 모양이 꼭 글자가 될 것 같지?"

그림이가 대답했다.

"그래. 저쪽에 안쪽을 뜻하는 안 내 內가 보이는데?"

천장과 기둥에서 안 내 內가 둥둥 떠올랐다.

한자의 성안에 있으니 여기저기서 쉽게 한자들을 발견할 수 있었다.

"집 안 어딘가에 내 씨앗 한자가 있지는 않을까? 찾아보자!"

나름이의 제안에 둘은 어딘가에 있을지도 모를 나름이의 씨앗 한자를 찾아 집 안 구석구석을 돌아다녔다.

숫자 징검다리를 건너면

나름이는 그림이와 함께 한자의 집 안 구석구석을 다녔지만, 씨앗 한자를 찾지는 못했다.

그러던 어느 날 한자 나라 엄마와 아빠가 나름이를 부르셨다. 나름이는 얼마 지나지 않아 그림이에게로 다가와 말했다.

"그림아, 한자 나라 엄마 아빠가 내가 글공부를 게을리하는 것 같다고 이제 한자 나라 학교에 가라고 하셔. 그나저나 한자 나라 학교는 어떤 곳일까?"

나름이는 문득 한자 나라의 학교가 궁금했다.

"학교라는 단어에서 **배울 학 學** 자는 너 같은 아이가 올망졸망한 손으로 셈을 하며 집에서 배움을 얻는다는 뜻이지."

그림이가 말했다. 그 말을 들은 나름이가 작게 한숨을 푹 쉬더니 웃으면서 말했다.

"하…. 재미없는 대답인데? 나는 한자 나라에도 숙제가 있는지, 무슨 공부를 하는지, 선생님은 어떠신지, 친구들은 많은지가 궁금한 거야."

그림이는 머뭇거리다가 대답했다.

"사실 나도 한자 나라 학교에 직접 가본 적은 없어."

"그럼 내가 이번 학교에 갈 때 너를 몰래 데리고 가 줄게. 함께 학교에 가 보자."

그림이는 고개를 끄덕이며 말했다.

"나름아, 한자 나라 학교는 한자들에게 꼭 필요한 것들을 가르칠 테니까, 네 씨앗 한자를 알게 될지도 몰라."

그림이의 말을 듣고 나름이는 가슴이 두근거리며 학교 가는 날이 기다려졌다.

다음 날 나름이와 그림이는 학교로 향했다. 한자 나라 학교의 입구에는 길쭉한 징검다리가 놓인 냇가가 있었다. 징검다리 위에서 몇몇 아이가 뭐라고 외치면서 뛰어놀고 있었다.

"한 일 一, 두 이 二, 석 삼 三"

"얘들아, 뭐 하고 있는 거야?"

"숫자를 말하며 숫자 징검다리를 건너고 있어."

"이 징검다리들이 숫자라고?"

"잘 봐. 징검다리 한 개는 한 일 一, 두 개는 두 이 二, 세 개는 석 삼 三이야."

한 아이가 나름이에게 설명해 주었다.

"그림아, 이리 와 봐. 숫자 징검다리래!"

나름이는 그림이와 함께 한자로 된 숫자 징검다리 위를 하나씩 건너며 신나게 놀았다.

　징검다리가 싫증이 날 무렵 그림이와 나름이는 징검다리를 건너가 보았다. 그곳에는 다양한 모양의 놀이기구들이 있었다.

　"우와, 이곳은 한자 숫자 모양으로 만들어진 놀이터야! 놀이기구들이 숫자를 나타내고 있어!"

　그림이의 말이 끝나기도 전에 나름이는 신나서 한자 숫자 놀이터로 뛰어갔다.

　나름이가 제일 먼저 오른 곳은 **넉 사 四** 모양의 구름사다리였다. 네모난 모양의 큰 틀 안에 곧은 사다리와 굽은 사다리가 들어있는 구름사다리에서 나름이는 원숭이처럼 이리저리 가볍게 날아다녔다.

　다음은 **다섯 오 五** 미끄럼틀이었다. 3층으로 된 이 놀이기구는 가운데 통로로 올라가면 3층은 전망대이고, 2층에는 빙글빙글 미끄럼틀이 있었다. 나름이는 이 놀이기구가 몹시 마음에 들어서 **다섯 오 五** 미끄럼틀을 몇 번이고 오르내렸다.

　그 옆에는 **여섯 육 六** 미끄럼틀이 있었다. 이 미끄럼틀은 모자같이 생긴 꼭지 아래 구멍이 뚫려 있었는데, 이 동그란 구멍 속으로 풍당 뛰어들면 미끄럼틀로 떨어졌다. 나름이는 처음에는 조심스럽게 **여섯 육 六**을 잡았지만 곧 익숙해져 아슬아슬함을 즐기게 되었다.

　미끄럼틀 옆에는 **일곱 칠 七** 모양의 시소가 있었다. 좌우 대칭이 맞지 않는 **일곱 칠 七**의 특징을 이용한 시소 모습이었다. 양 끝에 탄 아이들이 발을 구르면 **일곱 칠 七** 시소가 갸우뚱거리며 흔들거렸다.

　저쪽 한 귀퉁이에는 **여덟 팔 八** 모양의 엉금엉금 비탈길 오르기 기구가 있었다. 양쪽으로 비스듬히 뻗은 팔 모양의 **여덟 팔 八** 왼쪽에는 주먹만 한 돌들이 박혀 있었고, 오른쪽에는 밧줄이 매달려 있어서 엉금엉금 기어 올라가 돌을 잡고 내려오기도 하고, 또 그 반대로 하기도 했다.

　오른쪽에는 **아홉 구 九** 미끄럼틀이 있었다. 기둥 사다리를 타고 올라가면 기름을 발라 놓았는지 굉장히 빠른 속도로 휘리릭 바닥에 도착했다. 바닥으로 내리꽂듯이 미끄러지는 속도가 신나서 나름이는 몇 번이고 다시 **아홉 구 九** 미끄럼틀에 올랐다.

　얼마나 시간이 지났을까? 놀이터에서 신나게 놀다 보니 저쪽에 전망대 같은 것이 보였다. 양손을 벌리고 있는 허수아비 모양의 **열 십 十** 놀이기구였다. 나름이는 이 **열 십 十** 전망대에서 잠시 바람이 부는 것을 느끼며 숨을 고를 수 있었다.

"나름아, 씨앗 한자는 좀 찾아봤어?"

한자 놀이터를 즐기느라 정신이 없던 나름이는 그림이의 말을 듣고서야 정신을 차렸다.

"아니, 아직 찾지 못했어. 이 숫자 놀이터 정말 재미있네…. 하하! 그림이 너는 좀 찾아봤어?"

"나는 한자 아이들이 숫자 놀이터에서 잘 노니까 숫자로 한자들을 돌아가게 할 수 있을까 생각해 봤는데, 아이들이 좋아하는 건 숫자가 아니라 숫자 놀이터더라고."

"아이들의 마음이 너무 이해된다. 하하하! 나는 숫자들이 모두 너무 재미있어서 그중에 하나가 내 씨앗 한자인가 했는데 아닌 것 같더라고."

나름이는 머쓱하게 웃으며 말했다.

색깔을 칠해 보니

그때 저쪽에서 아이들이 떠드는 소리가 들렸다. 아이들은 바닥에 물감을 칠하고 있었다.

"그림아, 나 저것도 해 볼래."

나름이는 아이들 곁으로 다가갔다.

아이들은 바닥에 그려진 칸들에 색깔을 칠하고 있었다. 가까이에서 보니 **한 일 一**, **석 삼 三**, **다섯 오 五**, **일곱 칠 七**, **아홉 구 九**와 같은 홀수에는 시원한 색을, **두 이 二**, **넉 사 四**, **여섯 육 六**, **여덟 팔 八**, **열 십 十**과 같은 짝수에는 따뜻한 색을 칠하는 색칠 놀이였다.

"아까 한자 놀이터에서 본 숫자들이네?"

나름이는 따뜻한 색 물감을 받아들었다. 물감을 다 채우면 무슨 글자가 되는 걸까?

 아이들과 함께 바닥에 있는 도형들에 색을 채우다 보니 점점 모양이 되어 가고 있는 것 같았다. 어떤 뜻인지는 모르겠지만 글자인 것이 분명했다.

"완성이다!"

한참 동안 색을 칠하던 아이들은 글자를 보고 기뻐하며 소리쳤다.

"왼쪽 글자는 **사내 남 男**이었구나"

글자를 알아본 한 아이가 소리쳤다.

"오른쪽 글자는 **여자 녀 女**였어!"

글자를 아는 다른 아이가 웃으며 말했다.

나름이는 아이들과 완성한 글자를 보며 함께 기뻐했다.

열심히 색깔을 칠하다 보니 어느새 한자가 머릿속에 들어왔다.

그림을 완성한 아이들은 하나둘 집으로 돌아가기 시작했다.

"벌써 끝난 거야?"

즐기며 자유롭게 익히는 한자 학교의 아쉬운 점은 생각보다 너무 빨리 끝나 버린다는 것이었다. 나름이는 그림이와 함께 한자 학교를 나섰다.

시끌벅적 장터 구경

돌아가다 보니 한자 나라 장터가 보였다.

"와! 한자 나라 시장인가 봐? 구경 가 보자!"

나름이와 그림이는 장터를 향해 달려갔다.

첫 번째 가게는 쌀가게였다.

쌀 바구니 앞쪽에는 오래 묵은쌀, 묵은쌀, 조금 묵은쌀, **쌀 미 米** 라고 쓰여 있었다. 나름이가 물었다.

"이 메모는 무슨 뜻이에요? 오래된 쌀은 왜 모양이 다르죠?"

주인이 대답했다.

"오래 묵은쌀은 아주 오래전에 썼던 쌀 미 米의 모양인데, 오른쪽으로 갈수록 지금 쓰는 쌀 미 米의 모양으로 바뀌어 갔단다. 우리 가게는 다양한 시절의 쌀 미 米들을 모두 팔고 있단다."

아저씨는 가장 신선한 쌀 미 米 몇 개를 나름이에게 건네 주셨다. 나름이는 작은 쌀알들이 어떻게 쌀 미 米가 되었는지 유심히 살펴보았다. 쌀의 알갱이들과 지푸라기 하나가 나름이의 손 안에서

서서히 글자 모양으로 떠올랐다.

"와, 저기 생선가게도 있어!"

생선가게에서는 다양한 물고기들을 팔고 있었는데, 아저씨가 친절하게 설명해 주셨다.

"가장 오른쪽의 물고기 어 魚 모양이 되기까지의 물고기 어 魚 모양들을 모두 잡아다 늘어놓았지. 어서 와서 구경해 보렴. 아주 싱싱하단다."

나름이는 다양하게 변해 왔다는 물고기 모양의 글자를 찬찬히 살펴보았다.

"어떻게 이 물고기들이 물고기 어 魚가 되는 건데요?"

아리송하다는 듯 물고기들을 쳐다보던 나름이가 물었다.

이때 물고기 한 마리가 바닥으로 떨어져 펄떡펄떡 움직이며 모양을 바꾸면서 점점 글자가 되었다.

"와, 저렇게 보니까 어떻게 글자가 되는지 알겠어요!"

"물고기가 물고기 어 魚가 되는 모습을 구경하다니, 오늘 너희 운이 좋구나."

아저씨가 웃으며 말했다.

그때 옷 가게 아주머니가 부르셨다.

"이리 와서 알록달록한 저고리들도 구경하렴. 아주 옛날에 입던 옷 모양부터 지금의 옷까지 이 위에 죽 걸어 놓았단다. 가장 왼쪽에 보이는 옷이 제일 오래된 옷 의 衣의 모습인데, 오른쪽에 보이는 옷 의 衣가 되기까지 모양이 많이 바뀌었지."

이렇게 말하며 아주머니는 나름이에게 작은 저고리를 건네 주셨다.

"그림아, 이 옷 좀 봐. 이렇게 보니까 정말 옷 의 衣랑 비슷해 보

여. 그렇지?"

손 안의 저고리가 나름이의 말이 맞다는 듯 서서히 글자 옷 의 衣로 바뀌었다.

한자 따라 쓰기 7

아들 자

어머니 모

아버지 부

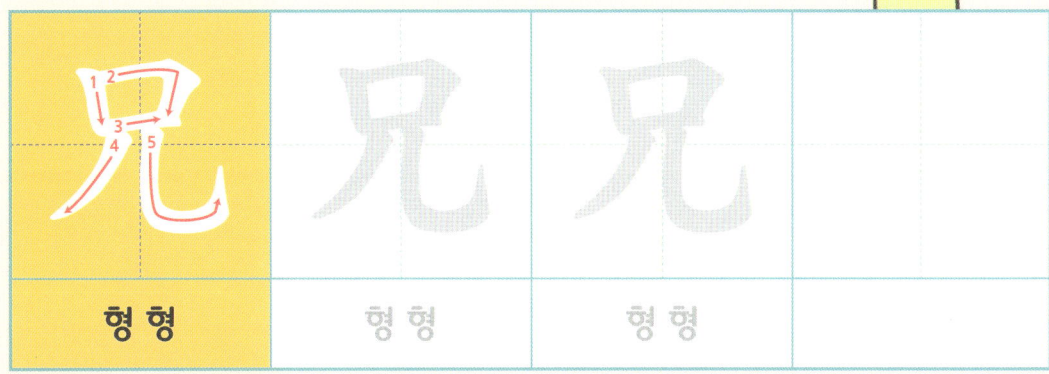

兄	兄	兄	
형 형	형 형	형 형	

高	高	高	
높을 고	높을 고	높을 고	

內	內	內	
안 내	안 내	안 내	

한자 따라 쓰기 7

배울 학

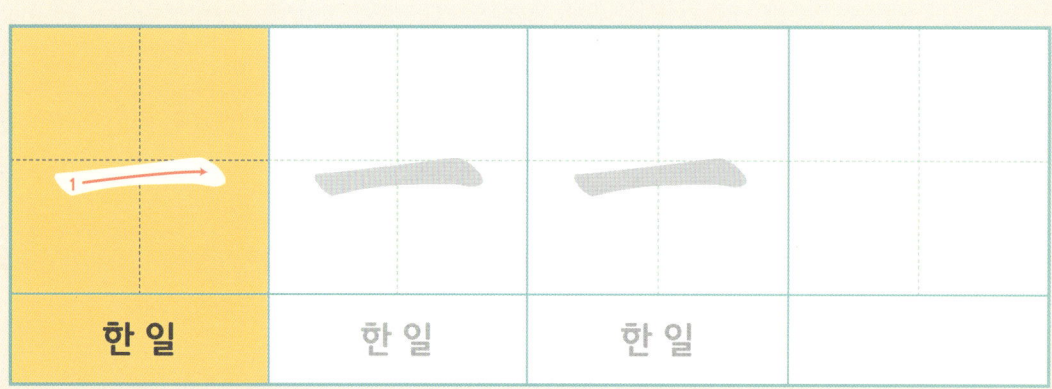

한 일

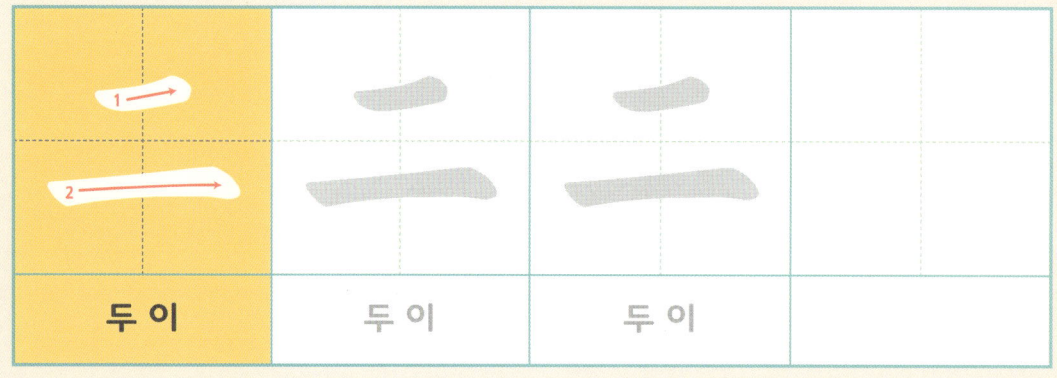

두 이

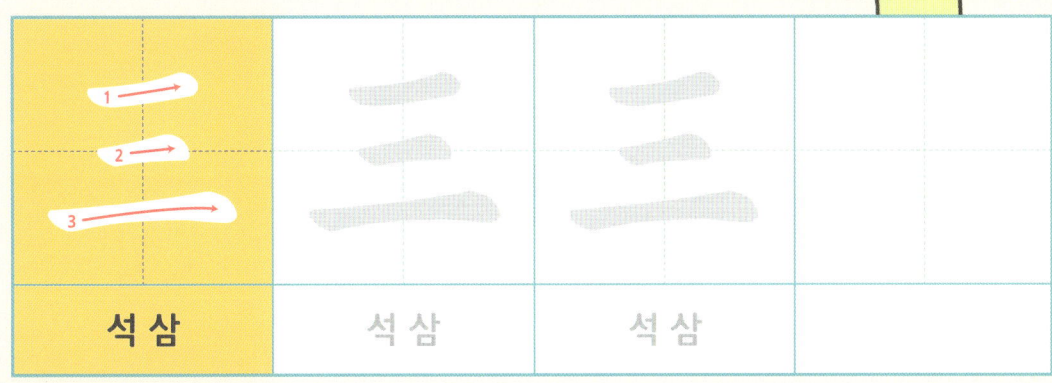

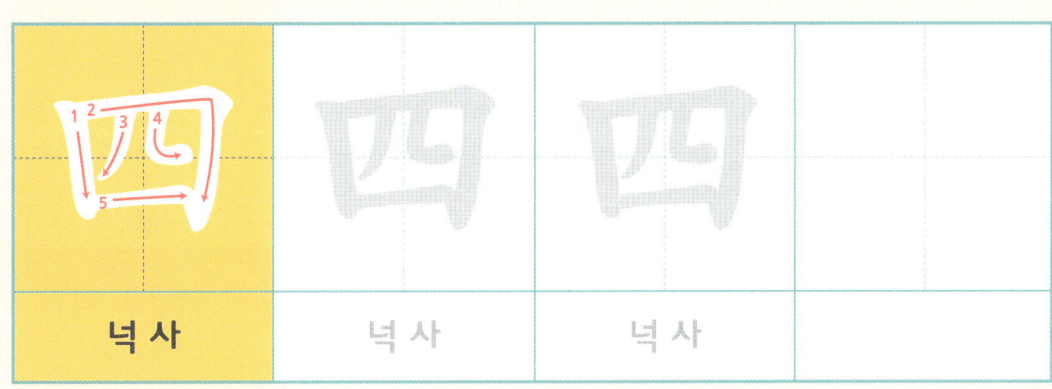

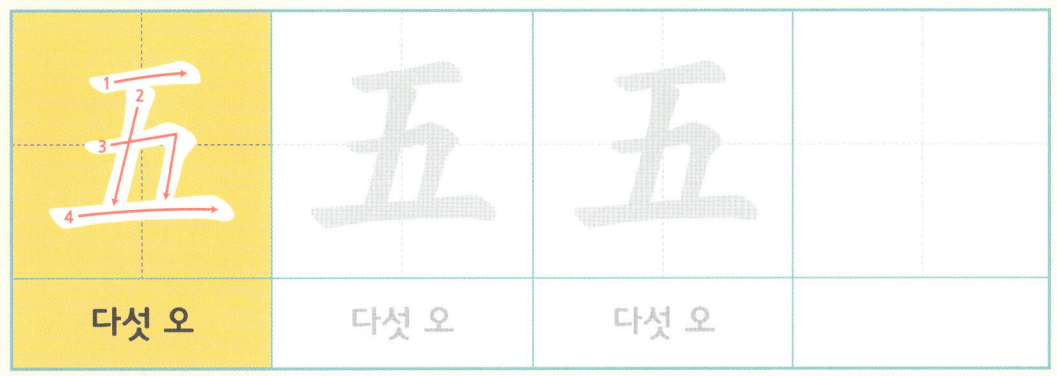

한자 따라 쓰기 7

열 십!

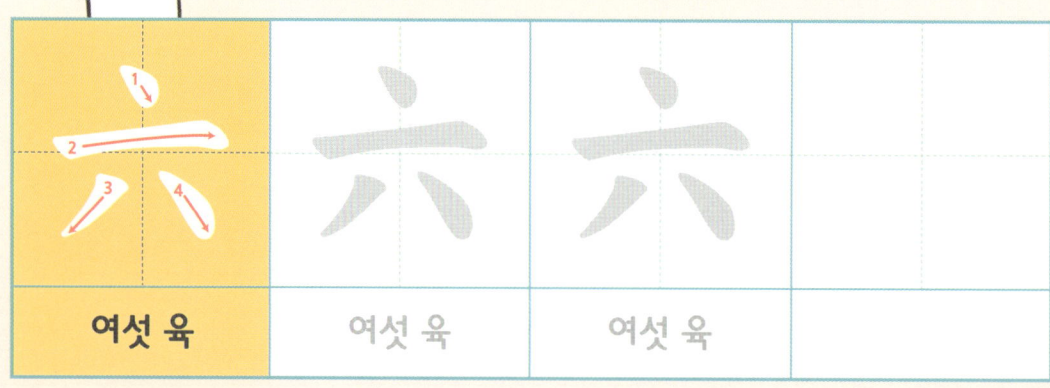
여섯 육

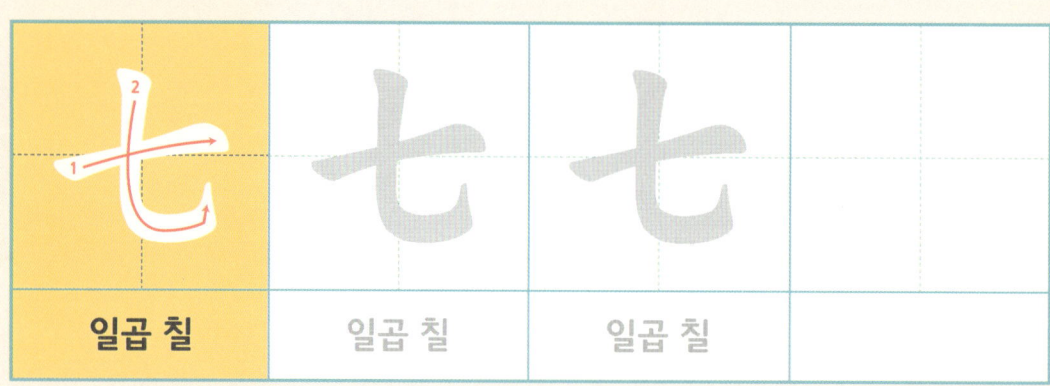
일곱 칠

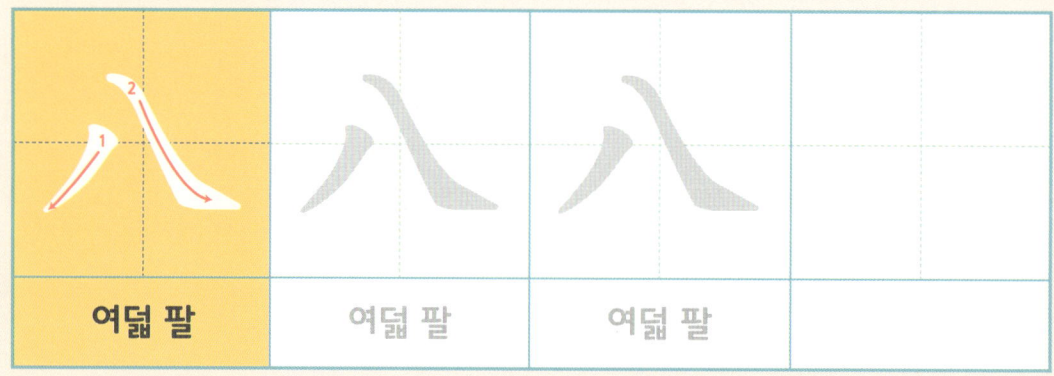
여덟 팔

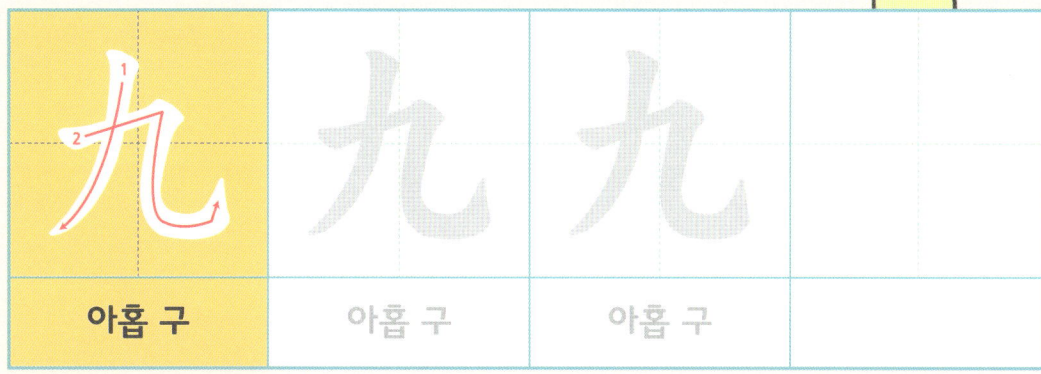

九	九	九	
아홉 구	아홉 구	아홉 구	

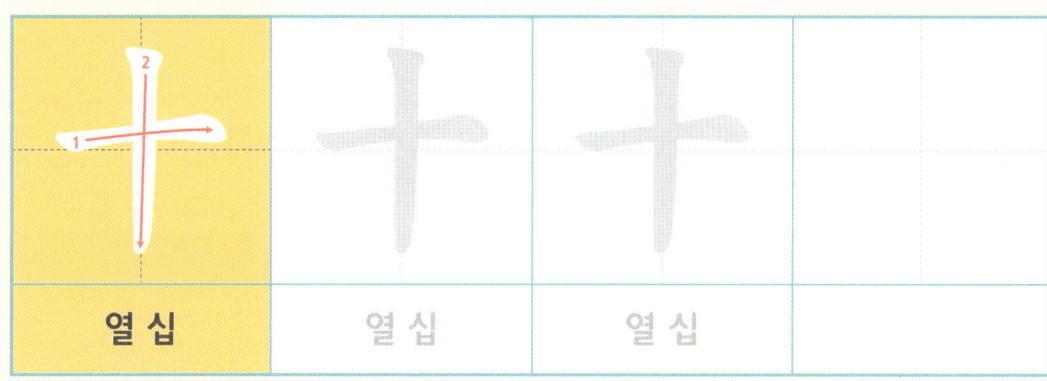

十	十	十	
열 십	열 십	열 십	

한자 따라 쓰기 7

사내 남

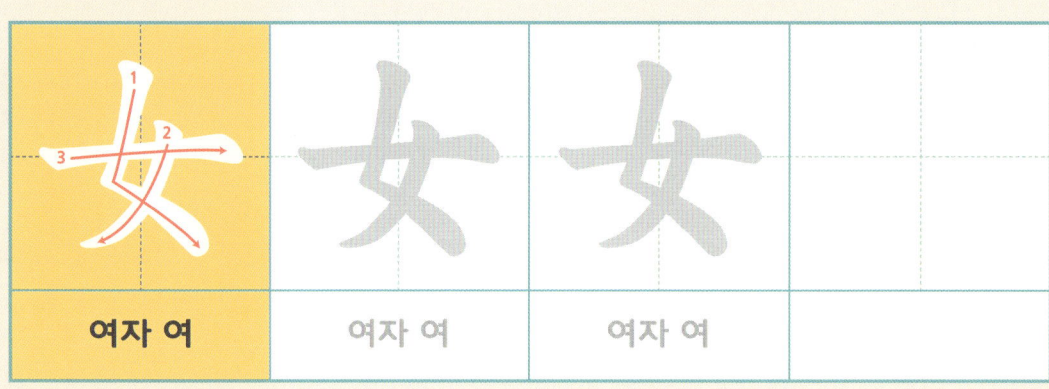

여자 여

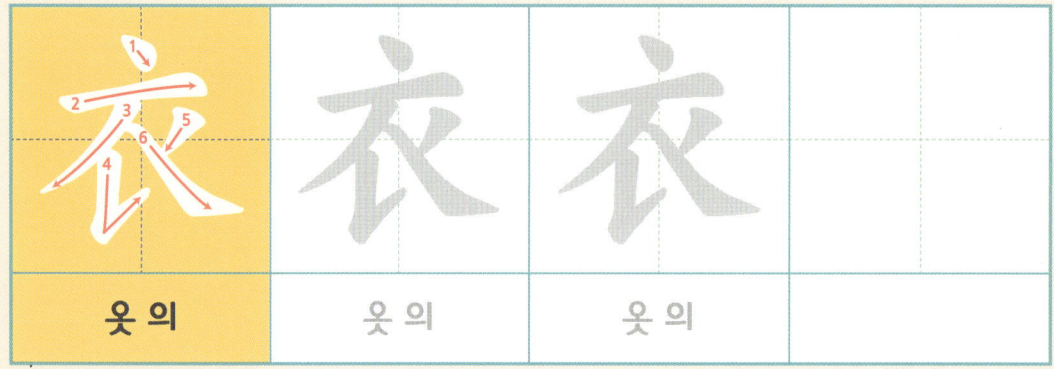

옷 의

9

더 넓은 세상으로

도와드릴게요, 할아버지

"한자 장터는 즐거웠지만 주문을 풀지도, 씨앗 한자를 찾지도 못했네."

나름이가 이렇게 말하며 그림이와 터벅터벅 걸어가고 있는데 저쪽에서 할아버지 한 분이 주위를 두리번거리고 계셨다.

푸른 나무 마을, 청목촌 青木村에서 보았던 늙을 로 老 할아버지셨다. 할아버지는 여전히 흩어진 머리카락에 지팡이를 짚고 계셨다.

"할아버지, 안녕하세요? 제가 뭐 도와드릴까요?"

"갈 길이 바쁜데, 다리가 조금 불편하구나."

　나름이는 아직 작은 아이이지만 선뜻 늙을 로 老 할아버지를 업어 드리려고 했다. 그러자 그 모습에서 글자 효도 효 孝가 툭 튀어나왔다.

"허허허, 괜찮다. 마음이 고운 아이로구나."

할아버지가 나름이 쪽을 바라보며 빙그레 웃으며 물으셨다.

"네 덕분에 효도 효 孝 자를 오래간만에 보는구나. 그런데 네 얼굴을 보니 뭔가 고민이 있어 보이는데? 무언가 잘못되었다고 생각하는 게냐?"

"네… 할아버지."

나름이가 대답했다. 나름이는 할아버지에게 한자 나라에 오게 된 사연부터 그동안 한자들을 되돌리기 위해서 씨앗 한자를 찾으려 노력했던 이야기를 모두 털어놓았다. 한자가 모두 사라져 버려서 나름이네 세상이 혼란스러워질 거라는 말을 할 때는 눈물이 나올 것만 같았다.

마음을 따라

할아버지는 나름이의 이야기를 끝까지 들으시곤 차분히 물으셨다.
"네 씨앗 한자는 무엇이니?"
나름이는 울컥해서 대답했다.
"아직 몰라요…. 없는지도 모르겠어요."
"네 씨앗 한자는 아주 먼 곳에 있구나. 씨앗 한자를 찾아가다 보면 주문을 풀 방법도, 네가 돌아갈 길도 바로 찾을 수 있을 거야."
할아버지도 그림이와 비슷한 말을 하셨다. 나름이는 할아버지의 말에 마음이 밝아졌다.
"제 씨앗 한자는 어떻게 하면 찾을 수 있을까요?"

할아버지는 산 너머 저 멀리를 보며 말씀하셨다.

"네 씨앗 한자를 찾으려면 더 넓은 세상을 만나야 한단다. 원래 씨앗들은 좋은 땅을 만나려 하는데 씨앗이 싹틀 땅을 만나기는 쉽지 않은 법이야. 네 **마음 심 心**이 이끄는 곳으로 가 보렴."

"**마음 심 心**이요?"

나름이가 되물었다.

"몸의 가장 중요한 부분인 심장의 모양을 딴 **마음 심 心**. 이 **마음 심 心**이 이끄는 곳으로 가면 씨앗 한자를 찾을 수 있을 거야."

"씨앗 한자를 찾으면 정말 주문도 풀릴까요?"

"그건 네가 하기 나름이란다."

할아버지가 웃으며 말씀하셨다.

'내가 하기 나름이라고?'

나름이는 문득 궁금한 것이 많아져 할아버지에게 다시 물으려 했지만, 할아버지는 어디론가 사라져 버린 뒤였다.

씨앗 한자를 찾아서

'성안에서는 아무리 찾아도 씨앗 한자를 찾아낼 수 없었어. 할아버지 말대로 더 넓은 세상을 만나려면 성 밖으로 나가 봐야 할 것 같은데….'

마음 심 心이 이끄는 소리가 이런 것일까? 나름이의 마음이 성 밖으로 나가야 한다고 말하고 있는 것 같았다. 사실, 마음이 이끄는 곳으로 선뜻 성 밖으로 나서는 일은 쉬운 일은 아니었다. 한자 나라 성안에서 꽤 오래 있었기 때문에 정든 이곳에서 조금 더 머물고 싶은 마음도 있었다.

하지만 한자들의 주문을 풀고 원래 있던 세상으로 돌아가고 싶

은 마음이 더 컸기에 나름이는 용기를 내어 성 밖으로 나가 보기로 했다.

"그래, 가보자. 씨앗 한자를 찾아서!"

나름이는 한자 나라의 성 주위를 둘러보았다. 사방을 둘러싸고 있는 높은 성벽이 나름이에게 가지 말라는 듯 소리치고 있는 것 같았다. 나름이는 단단한 껍질 밖으로 고개를 내미는 새싹처럼 성문을 열고 조심스럽게 성 밖으로 나왔다.

나름이의 가슴이 콩닥거리기 시작했다.

나름이는 더 넓은 한자 나라에서 나름이만의 씨앗 한자를 찾을 수 있을까?

어디선가 불어오는 시원한 바람이 나름이에게 좋은 일이 생길 거라고 말해 주는 것 같았다.

한자 따라 쓰기 8

孝	孝	孝	
효도 효	효도 효	효도 효	

心	心	心	
마음 심	마음 심	마음 심	

한자 색인표

ㄱ
家	집	가	84쪽
高	높을	고	137쪽
果	열매	과	39쪽
口	입	구	115쪽
九	아홉	구	149쪽

ㄴ
男	사내	남	154쪽
內	안	내	139쪽
女	여자	녀	154쪽

ㄷ
畓	논	답	83쪽
大	큰	대	111쪽

ㄹ
老	늙을	로	55쪽
里	마을	리	87쪽
林	수풀	림	43쪽
立	설	립	99쪽

ㅁ
明	밝을	명	29쪽
母	어머니	모	133쪽
木	나무	목	36쪽
目	눈	목	114쪽
夢	꿈	몽	120쪽
門	문	문	106쪽
米	쌀	미	155쪽

ㅂ
白	흰	백	117쪽
父	아버지	부	134쪽

ㅅ
四	넉	사	146쪽
山	메	산	68쪽
森	수풀	삼	43쪽
三	석	삼	144쪽
水	물	수	34쪽
心	마음	심	177쪽
十	열	십	149쪽

ㅇ
魚	물고기	어	157쪽
炎	불꽃	염	96쪽
五	다섯	오	147쪽
月	달	월	27쪽
六	여섯	육	147쪽
泣	울	읍	100쪽

衣	옷	의	158쪽
耳	귀	이	114쪽
二	두	이	144쪽
人	사람	인	111쪽
日	날	일	134쪽
一	한	일	144쪽
ㅈ			
自	스스로	자	114쪽
子	아들	자	132쪽
長	길	장	54쪽
赤	붉을	적	94쪽
田	밭	전	81쪽
鳥	새	조	65쪽
中	가운데	중	57쪽
集	모일	집	67쪽
ㅊ			
天	하늘	천	113쪽
青	푸를	청	58쪽
村	마을	촌	51쪽
隹	새	추	64쪽
春	봄	춘	61쪽
七	일곱	칠	148쪽

ㅌ			
太	클	태	112쪽
土	흙	토	80쪽
ㅍ			
八	여덟	팔	148쪽
閉	닫을	폐	108쪽
ㅎ			
學	배울	학	143쪽
行	다닐	행	78쪽
兄	형	형	136쪽
火	불	화	96쪽
花	꽃	화	123쪽
黃	누를	황	117쪽
灰	재	회	97쪽
孝	효도	효	173쪽
休	쉴	휴	41쪽
黑	검을	흑	117쪽

그림과 영상으로 떠나는
나름이의 모험 가득 한자 여행 1

초판 1쇄 발행 2024년 7월 31일

지은이 이근애
펴낸이 이지은 **펴낸곳** 팜파스
진행 이진아 **편집** 정은아
디자인 조성미
마케팅 김서희, 김민경

출판등록 2002년 12월 30일 제 10-2536호
주소 서울특별시 마포구 어울마당로5길 18 팜파스빌딩 2층
대표전화 02-335-3681 **팩스** 02-335-3743
홈페이지 www.pampasbook.com | blog.naver.com/pampasbook
이메일 pampasbook@naver.com

값 15,000원
ISBN 979-11-7026-661-7 (74700)
       979-11-7026-660-0 (세트)

ⓒ 2024, 이근애

· 이 책의 일부 내용을 인용하거나 발췌하려면 반드시 저작권자의 동의를 얻어야 합니다.
· 잘못된 책은 바꿔 드립니다.